L'échange franco-allemand
des enseignants
du premier degré
Paroles partagées

La collection Dialogues / Dialoge a été initiée par l'Office franco-allemand pour la Jeunesse (OFAJ). Elle permet de mettre à disposition d'un large public les résultats des évaluations et des recherches appliquées aux échanges franco-allemands.

L'OFAJ, institution internationale fondée en 1963, présente à Paris et à Berlin, subventionne depuis plusieurs décennies les échanges interdisciplinaires et transnationaux entres chercheurs français et allemands. La présente collection, encadrée par le secteur recherche de l'OFAJ, allie théorie, méthode et praxis tout en prenant en compte des contextes nationaux et culturels différents.

Parallèlement aux évaluations qualitatives et quantitatives des programmes d'échanges, les ouvrages permettent un aperçu des apprentissages interculturels et de la pédagogie des échanges.

ISBN 978-2-36085-051-8
ISSN 2270-0013

© Téraèdre 2013

Téraèdre c/o 5-7 rue de l'École-polytechnique F75005 Paris

www.teraedre.fr

Marion Perrefort
en collaboration avec
Martin Bauch & Dominique Granoux

L'ÉCHANGE FRANCO-ALLEMAND DES ENSEIGNANTS DU PREMIER DEGRÉ

PAROLES PARTAGÉES

Sommaire

Introduction — 9

Chapitre 1 — 15
La mobilité enseignante dans son contexte franco-allemand

Chapitre 2 — 63
La mobilité enseignante dans le cadre général des recherches sur les mobilités

Chapitre 3 — 71
Du récit singulier aux constructions communes des vécus

Chapitre 4 — 85
Des remises en question professionnelles

Chapitre 5 — 101
Un désir latent d'ailleurs

Chapitre 6 — 109
Amour et passion pour le pays de l'autre

Chapitre 7 — 123
Obligations et contraintes familiales

Chapitre 8 — 129
Cadre de vie et nouvelle sociabilité

Chapitre 9 — 137
Expérience du décentrage et marginalité constructive

Chapitre 10 — 151
Le retour – entre nostalgie et sentiment de distinction assumée

Conclusion — 173

Bibliographie — 177

Remerciements

Nous adressons nos remerciements prioritairement aux professeurs français et allemands des écoles qui ont accepté de prendre part à la présente recherche. Sans leur engagement et leur investissement généreux dans les dispositifs de la recherche, ce livre n'aurait pu voir le jour. Qu'ils trouvent ici notre reconnaissance profonde pour la confiance qu'ils nous ont accordée en nous livrant leurs témoignages forts à propos de leur vécu personnel et professionnel dans le cadre de l'échange franco-allemand des enseignants du premier degré.

Merci à Patricia Lejeune pour avoir animé avec compétence et créativité l'atelier d'écriture lors de la rencontre à Strasbourg. Son travail a permis aux participants d'exprimer de façon souvent originale des aspects marquants de leur vécu dans le pays et l'école de l'autre. Certains des textes issus de l'atelier d'écriture émaillent les pages de ce livre.

Notre reconnaissance s'adresse ensuite à Judica Albrecht, auteur du portrait de Marie. Basé sur des éléments biographiques, ce portrait présente sous une forme fictive une participante dont le parcours nous a paru particulièrement original.

Un grand merci à Anya Reichmann de l'OFAJ (Office franco-allemand pour la jeunesse) pour ses remarques constructives et lectures autant multiples qu'attentives du manuscrit en voie de construction ; à Karin Passebosc pour son aide précieuse et ses encouragements dans la phase finale d'élaboration et à Élisabeth Berger pour sa confiance, son soutien sans faille et tous ses gestes de bienveillance.

Nous remercions chaleureusement Garance Thauvin pour avoir traduit en français les extraits d'entretiens et les textes de l'atelier d'écriture.

Préambule

« J'ai participé à ce programme pour deux raisons : un défi intellectuel d'apprendre la langue allemande et un besoin de me ressourcer d'un point de vue professionnel.

On conçoit généralement les voyages comme un déplacement dans l'espace. Mais un voyage est inscrit à la fois dans l'espace, dans le temps et dans la hiérarchie sociale. J'étais une figure sociale en France, je suis transparente ici. Je suis une étrangère. Le voyage déplace mais déclasse en même temps. Le voyage crée aussi un état de disponibilité et de liberté qui nous contraint à en profiter. Tout visiter, tout expérimenter, tout connaître, telles sont les contraintes que nous nous imposons. Paradoxe du voyage. L'euphorie du début a vite donné place à quelque chose de moins harmonieux. »

(Extrait d'un rapport d'une participante à l'échange en 2012)

« Partir. Sortir. Se laisser un jour séduire. Devenir plusieurs, braver l'extérieur, bifurquer ailleurs. Voici les trois premières étrangetés, les trois variétés d'altérité, les trois premières façons de s'exposer. Car il n'y a pas d'apprentissage sans exposition, souvent dangereuse, à l'autre. »

Michel Serres, *Le tiers-instruit*

Introduction

Nous nous intéressons dans cet ouvrage à un déplacement spatio-temporel particulier, à savoir la mobilité d'enseignants français et allemands du premier degré. Alors que de nombreuses études ont été publiées au cours des dernières années au sujet de la mobilité académique et scolaire, l'expérience mobilitaire professionnelle à l'étranger intervenant au cours d'une carrière dans l'institutorat n'a pas encore fait l'objet d'études scientifiques approfondies et systématiques. Ni étudiante, ni scolaire, cette population ne fait pas partie non plus des professionnels mobiles tels que les expatriés ou le personnel de l'enseignement qui part pour occuper un poste à l'étranger hors d'un programme d'échange. Tout en étant inscrite dans le cadre général des recherches sur les différents types de mobilité, mais en se nourrissant également de nos propres recherches à l'OFAJ sur d'autres types de mobilité en contexte franco-allemand, plus particulièrement sur la mobilité scolaire dans le cadre du Programme Voltaire[1], notre

---

1. Le Programme Voltaire a été créé par l'OFAJ en 2000. Il s'agit d'un échange scolaire individuel s'adressant à des élèves français et allemands âgés entre quinze et seize ans. Organisé selon un principe de réciprocité – l'élève est accueilli pendant six mois et accueille à son tour pendant six mois son partenaire – ce programme est basé, entre autres, sur l'hypothèse que l'intensité, l'âge, la durée et l'individualité s'articulent positivement avec l'acquisition de compétences langagières et interculturelles. Un dispositif d'accompagnement scientifique a été mis en place en 2001. La recherche avait pour objectif principal d'appréhender la construction de l'identité personnelle et sociale chez des individus en situation de mobilité ainsi que les apprentissages informels et effets à long terme. Pour les résultats, voir entre autres : Brougère G., Colin L. & Perrefort M. (dir.), *L'immersion dans une autre culture. L'évaluation scientifique des échanges scolaires individuels et de longue durée (Programme Voltaire),* Berlin/Paris, Textes de travail, OFAJ/DFJW, 2006.

étude veut mettre en lumière les multiples manières dont les enseignants concernés évaluent, avec un recul de plusieurs années, les apports de leur aventure. Comment se sont-ils approprié ses ressources, comment ont-ils géré ses contraintes ? Quel regard portent-ils sur leur cheminement avant et après la participation à l'échange ? Comment se positionnent-ils par rapport aux interrogations identitaires soulevées par le déplacement ? Que deviennent les acquis ? Sont-ils transmissibles et transférables lors du retour dans l'institution d'origine ?

Les travaux présentés ici font suite à une première enquête menée en 1998 auprès de cent vingt-sept instituteurs[2] ayant participé entre 1973 et 1997 à l'échange franco-allemand des enseignants du premier degré[3]. Les résultats avaient été publiés par l'OFAJ à l'occasion du 30e anniversaire de l'échange sous le titre *Enseigner dans l'école de l'autre. Regards croisés d'instituteurs français et allemands,* dans la série des documents de travail. Rédigés sous la direction de Jean Dupas, alors chargé du suivi de l'échange des enseignants du premier degré à l'OFAJ et de Marion Perrefort avec le concours d'enseignants français et allemands, les textes de cette brochure reflètent tant dans leur forme que dans leur contenu la diversité des vécus : récits autobiographiques et réflexions sur les différences des systèmes éducatifs, puis analyse de questionnaires qui a permis de dégager des éléments sociobiographiques de cette population et d'en savoir davantage sur leurs représentations et attitudes, leur vécu dans le cadre de cet échange, ainsi que sur leur réintégration dans l'établissement d'origine lors du retour.

Menée treize ans plus tard, cette nouvelle étude se base sur une collecte plus importante et variée des données, effectuée au moyen de méthodes ethnosociologiques, et elle combine approche quantitative et approche qualitative. Par le croisement des données issues de questionnaires et d'entretiens, il s'agit de saisir de manière aussi globale que possible les aspects et paramètres du contexte susceptibles d'éclairer l'objet de la

---

2. Pour désigner les enseignants du premier degré qui font l'objet de la présente recherche, nous utiliserons l'ancienne dénomination encore fréquemment employée dans le langage courant et qui garde son caractère générique, à savoir le terme « instituteur » ou « instit » et qui désigne ici indistinctement les professeurs des écoles et les *Grundschullehrer*.

3. L'idée de cette publication réunissant des contributions diverses est issue des séminaires de formation interculturelle, proposés aux enseignants participant au programme d'échange. Ces séminaires, animés par différents intervenants (notamment Bernard Martini, directeur du FIEF à La-Bégude-de-Mazenc ; Jacques Démorgon ; Régis Palucci ou encore Jean Dupas et Marion Perrefort), proposaient aux participants un retour réflexif sur leur vécu personnel et professionnel ainsi que des repères théoriques et conceptuels pour une élaboration objectivante des expériences interculturelles.

recherche, à savoir le déplacement spatio-temporel de ces enseignants du premier degré et les interrogations identitaires qu'il appelle, sur les plans tant professionnel que personnel.

Présentation des différentes parties

L'ouvrage est structuré en dix chapitres, comportant chacun différentes parties qui appellent quelques explications sous forme d'un guide de lecture. Le premier chapitre vise à présenter le contexte général de l'étude. On exposera ainsi dans une première partie l'échange franco-allemand des enseignants du premier degré dans une perspective historique, depuis sa création en 1968 jusqu'à aujourd'hui. Y seront développés les éléments du contexte politique, plus particulièrement ceux des politiques linguistiques menées en faveur de l'enseignement des langues dans les deux pays et qui ont tantôt favorisé, tantôt ralenti la mobilité des enseignants du premier degré. Les modalités pratiques de participation, les dispositifs institutionnels ainsi que l'organisation de l'échange feront ensuite l'objet d'une présentation succincte. Et enfin, nous expliciterons les raisons pour lesquelles l'OFAJ a souhaité explorer au moyen d'une recherche scientifique les enjeux de cet échange.

Dans une deuxième partie, nous élargirons cette présentation du contexte politique et linguistique en nous intéressant à ceux et celles qui saisissent l'opportunité d'aller enseigner pour une durée déterminée dans l'école de l'autre. Nous nous baserons pour cela sur des données obtenues par des questionnaires adressés à des enseignants français et allemands qui avaient participé entre 1999 et 2009 à l'échange. Les résultats statistiques nous ont permis de dessiner les contours d'un profil global de la population concernée, pointant les motivations, l'univers familial et social dans lequel la décision est prise, ainsi que quelques-unes des dispositions individuelles caractérisant ces enseignants.

La troisième partie du premier chapitre se propose de donner du relief aux résultats statistiques et d'illustrer à l'aide de profils individuels la diversité des itinéraires et la pluralité des expériences. Ces vingt et un portraits sont ceux des enseignants qui ont pris part à l'enquête qualitative, à savoir aux entretiens collectifs dont il sera question dans le chapitre 2. Ces portraits seront suivis de quelques textes, écrits par les enseignants eux-mêmes.

Le chapitre 2 est structuré en deux parties. On posera d'abord un cadre plus théorique, avec des références aux nombreux travaux consacrés aux mobilités en général. Il ne pourra, bien sûr, s'agir d'en faire l'inventaire complet. Nous nous centrerons sur des interrogations qui traversent un ensemble de travaux et qui ont participé à lisser le regard et à élargir l'angle de vue que nous allons poser sur le déplacement spatio-temporel dont il est question ici. Nous nous demanderons aussi si, derrière la complexité et l'individualité des vécus singuliers, on peut dégager une logique collective, une cohérence reposant sur des postures, des attitudes, des choix et qui participeraient, pour ce qui concerne notamment notre population, à la construction d'un sentiment d'appartenance, à l'instar des « tribus » des étudiants Erasmus.

La deuxième partie s'attachera à présenter et à expliquer le choix de notre outil d'analyse, à savoir l'entretien collectif. On verra que cette démarche d'introspection commune à travers le récit de son itinéraire avant, pendant et après l'expérience mobilitaire a permis de recueillir des récits se situant entre récits de vie, récits de pans de vie, récits-témoignage. En raison de leur caractère réflexif, permettant non seulement un retour sur des vécus mais aussi d'en négocier, élaborer le sens, ces discours construits ensemble deviennent un « tiers-espace » (Bhabha, 2007) dans lequel réflexion et interaction s'associent pour faire aboutir l'échange.

Avec la présentation du dispositif d'enquête, le chapitre 3 est une entrée concrète sur le terrain. Après une brève présentation des critères de sélection des vingt et un anciens participants français et allemands à la rencontre destinée à recueillir leurs témoignages au moyen de l'entretien collectif, nous décrirons la mise en œuvre de six entretiens collectifs, répartis sur deux jours, et nous expliciterons la manière dont les données ont été traitées par la suite avant d'exposer l'approche analytique que nous avons retenue.

La dernière partie de ce chapitre est conçue comme une partie charnière destinée à illustrer, de manière exemplaire et exploratoire, une démarche d'analyse discursive qui permet de saisir les recompositions identitaires dans les interprétations que les mobiles construisent de leur vécu.

L'analyse effectuée dans les chapitres 4 à 10 abordera les entretiens sous un angle plutôt thématique ; elle est sous-tendue, toutefois, d'une part, par le souci constant de rendre compte de la mise en mots des expériences, donc des activités qui consistent à interpréter le vécu à travers le discours. D'autre part, nous ne perdrons pas de vue l'autre postulat théorique qui est de considérer le récit collectif comme espace narratif interactif où se renégocient, se co-construisent, se réparent des identités, des relations à soi et aux autres et nous focaliserons plus particulièrement les mobilités identitaires en rapport avec l'univers professionnel, à savoir l'école et lors de leur mise à l'épreuve.

L'analyse suivra en grande partie l'enchaînement chronologique de l'expérience – la période précédant le déplacement, l'arrivée et les phases d'insertion dans le nouveau quotidien, le retour et le processus de réinsertion en milieu d'origine. Mais il s'agira cependant moins de décrire un déroulement linéaire des faits, que de rendre compte des enjeux plus symboliques de cette mobilité spécifique, à savoir des déplacements de soi, et de faire émerger des schèmes analytiques à partir de thématiques repérées dans les témoignages. On interrogera notamment les changements ressentis au cours de cette longue plongée dans le quotidien du pays voisin, qu'ils soient d'ordre personnel ou professionnel.

Conformément à nos prémisses théoriques, nous donnerons largement la parole aux enseignants, essentielle à nos yeux, car nous considérons comme significatif tout propos qui apporte du contenu à la notion générale de mobilité ou qui apparaît comme tentative – explicite ou non – de donner un sens à une expérience liée à la mobilité. Nous rejoignons en cela les propos de Mattey & Py, dans l'introduction à l'ouvrage traitant des changements langagiers et identitaires qui surviennent dans le contexte de la migration : « Peu importe au fond que le locuteur soit le seul informateur à énoncer telle ou telle opinion, ou que celle-ci représente l'expérience ou la majorité ou d'une minorité de ses pairs : ce qu'il dit fait de toute façon partie de notre objet dans la mesure où il est un des membres de la population à laquelle nous donnons la parole. À la limite, un énoncé peut être en même temps unique et fortement significatif, dans la mesure où il fait avancer notre connaissance des faits. » (1995 : 25)

Pour conclure ce guide de lecture, un mot sur la forme. D'abord, le lecteur trouvera ci et là au fil des pages, de petits textes, parfois rédigés dans les deux langues, placés au début ou à la fin d'un chapitre ou d'une partie de chapitre. Il s'agit de productions des participants aux entretiens collectifs. Lors de cette rencontre, fin 2010, nous avons organisé en parallèle aux entretiens un atelier d'écriture. Sa mise en place partait du principe que l'exercice d'écriture invitait, tout comme l'entretien collectif, à la prise de distance et au mouvement d'introspection, tout en diversifiant les formes d'expression et en obligeant le scripteur à faire un choix dans la chaîne des souvenirs liés à l'échange. Les textes issus de cet atelier d'écriture sont donc répartis dans les différents chapitres de notre ouvrage en fonction de leur pertinence et de leur pouvoir d'expressivité par rapport aux thèmes abordés dans le texte. En accord avec l'éditeur, certains passages en allemand n'ont pas été traduits.

Enfin, les différentes parties structurant les chapitres comportent des titres sous forme d'énoncés extraits des entretiens, énoncés qui nous ont parus particulièrement appropriés en raison de leur expressivité pour annoncer le développement qui suit.

Chapitre 1

La mobilité enseignante dans son contexte franco-allemand

**Présentation de l'échange franco-allemand
des enseignants du premier degré**

Les échanges d'enseignants du premier degré font partie intégrante des programmes proposés par l'OFAJ depuis quarante-cinq ans. Accompagnés de séminaires de formation à la didactique des langues étrangères et à l'interculturel, ils ont pour objectif de faire découvrir un système éducatif différent et de permettre aux enseignants de poser, lors du retour dans leur établissement d'origine, un regard nouveau sur les spécificités de leur propre système éducatif et pédagogique. Ils visent la promotion de la mobilité des enseignants et des élèves par la création de liens entre les communautés éducatives, et, de façon générale, l'ouverture européenne et internationale. L'échange fait partie d'une politique menée en faveur du développement et de la diversification des langues vivantes à l'école et de l'ouverture internationale des écoles.

Éléments historiques de l'échange

C'est en 1968 que l'échange démarre officiellement avec vingt éducateurs de jardins d'enfants (*Kindergärtner/Kindergärtnerinnen*) de Munich et vingt instituteurs/institutrices d'écoles maternelles de Bordeaux, à l'initiative d'Alice Delaunay, inspectrice générale des écoles maternelles à Bordeaux. L'objectif était alors d'expérimenter un « véritable bilinguisme franco-allemand » (O'Neil, 1993). D'autres Länder et académies s'y joignent les cinq années qui suivent et du côté allemand l'échange s'ouvre aux enseignants du primaire (*Grundschullehrer*). Les années suivantes, le nombre de participants monte rapidement à presque cent par pays.

Évolution en fonction des politiques linguistiques

Dans les années 1980 et 1990, le nombre de participants continue à tourner autour de soixante à quatre-vingt-dix par pays. Le programme est politiquement renforcé par la déclaration conjointe du ministre de l'Éducation nationale et de son interlocuteur allemand, le plénipotentiaire de la République fédérale d'Allemagne chargé des relations culturelles[1], dans le cadre du Traité sur la coopération franco-allemande de 1986. En effet, ces quarante-huitièmes consultations franco-allemandes (Francfort-sur-le-Main, 27-28 octobre 1986) ont été consacrées essentiellement à la coopération culturelle entre les deux pays, et ont abouti à une déclaration commune qui préconise que les connaissances de la langue du partenaire doivent être améliorées notamment par « l'enseignement précoce de la langue avec le concours de maîtres français et allemands intégrés dans le système éducatif du pays partenaire ».

Entre 1990 et 2000, l'échange doit faire face à un nombre décroissant de candidats, et ce pour des raisons politiques : « Dès lors que l'apprentissage précoce des langues est devenu à partir de 1989, en France, en Allemagne, en Europe, un enjeu politique, il y eut tout à la fois augmentation des moyens, multiplication des programmes, diversification des financements, et diminution de l'importance de l'échange, désormais concurrencé par d'autres dispositifs nationaux ou européens, et considéré comme trop coûteux. » La multiplication des programmes européens a également une influence directe sur la motivation des enseignants : « Il n'est pas faux que certains enseignants préfèrent désormais participer à des programmes européens plus courts et moins exigeants. » (Dupas & Perrefort : 1998) En 2000, le nombre de participants est au plus bas (trente-cinq participants allemands et trente participants français) et l'existence de l'échange est menacée.

En janvier 2001, Jack Lang, alors ministre de l'Éducation nationale, présente le plan Langues vivantes à l'école primaire et y inscrit, entre autres, l'affirmation de la diversité des langues y enseignées, ce qui favorise

---

1. Les Affaires culturelles et l'éducation relevant en Allemagne fédérale de la compétence exclusive des seize Länder, le Plénipotentiaire les représente sur ces sujets dans le cadre de la coopération franco-allemande. La partie française peut ainsi s'adresser à un interlocuteur unique, ce qui permet de faciliter et de promouvoir les relations culturelles bilatérales. Tous les quatre ans, c'est un Ministre-Président d'un autre Land qui est nommé à cette fonction.

l'enseignement de l'allemand. Dans un premier temps, ces mesures font remonter rapidement le nombre de participants français, mais au cours des années suivantes, la prédominance de l'anglais s'impose finalement à l'école primaire, autant en Allemagne qu'en France, avant tout pour des raisons financières. Depuis une dizaine d'années maintenant, l'échange semble néanmoins se stabiliser autour de cinquante participants de chaque pays.

C'est également en 2000 que l'Éducation nationale propose d'exclure les candidatures des éducateurs et éducatrices (*Erzieherinnen/Erzieher*) allemands travaillant le plus souvent dans les *Kindergarten*, et venant surtout de Bavière et de Rhénanie-Palatinat, qui jusque-là pouvaient participer à l'échange et intervenir dans les écoles maternelles françaises. Une des raisons évoquées pour justifier cette mesure était que la formation des éducateurs allemands (qui n'est pas une formation universitaire) ne correspondait pas à celle d'un enseignant et que ces éducateurs n'étaient par conséquent pas suffisamment formés pour intervenir en école maternelle. Un assouplissement de cette mesure ce dessine actuellement, puisqu'en 2012-2013 une éducatrice de Dresde participe à l'échange et intervient à Strasbourg dans le cadre d'un projet pilote. En contrepartie, une enseignante française travaille dans un *Kindergarten* à Dresde.

Modalités de participation et aspects institutionnels

Contrairement à ce que l'on pourrait croire, l'échange franco-allemand des enseignants du premier degré n'est pas organisé selon le principe d'un échange « poste à poste », mais plutôt basé sur des équilibres par entités administratives et géographiques (Länder en Allemagne, départements en France). Ceci paraît logique si l'on sait que la plupart des enseignants, dans leur pays d'origine, sont en charge d'une classe dans laquelle ils enseignent l'ensemble des matières, alors qu'ils travaillent comme « intervenant en langues » dans le pays voisin. Il est donc impossible de se remplacer mutuellement.

En Allemagne, l'équilibre des participants envoyés et des participants reçus se fait au niveau du Land. Le cas du Bade-Wurtemberg peut illustrer ce principe : lorsque sept enseignants allemands sont envoyés par le Bade-Wurtemberg, le Land reçoit en contrepartie sept enseignants français. Les enseignants allemands sont en règle générale recrutés dans la totalité du Bade-Wurtemberg, alors que les enseignants français affectés au Bade-Wurtemberg travailleront là où le besoin d'enseignants de français langue étrangère est le plus important, à savoir dans les villes et écoles proches de la frontière avec la France.

En France, l'équilibre doit être réalisé au niveau du département. Chaque département est donc tenu à recevoir autant d'enseignants qu'il envoie, même si, en fait, les exceptions sont assez nombreuses. Les enseignants allemands sont alors affectés au sein du département d'accueil aux écoles dans lesquelles l'allemand est enseigné. Certains départements participent très régulièrement à l'échange et recherchent activement des candidats chaque année, ce qui dénote une réelle politique linguistique. D'autres départements participent plus ou moins « par hasard » et ponctuellement, lorsqu'ils acceptent la candidature spontanée d'un enseignant et reçoivent alors en contrepartie un enseignant allemand. C'est alors plus une question de motivation personnelle d'un enseignant que de volonté politique d'une institution.

Même lorsque les principes d'équilibre sont respectés, la participation à l'échange représente toujours un engagement de la part des administrations scolaires concernées : on met à disposition – et on continue à rémunérer – un enseignant français qui était en charge d'une classe, et l'on reçoit en échange un intervenant en langue. Ceci est souvent considéré par les administrations comme une perte et il existe certains dispositifs de dédommagement dans les deux systèmes pour encourager les administrations à participer.

L'échange est publié en France au Bulletin officiel (B.O.) de l'Éducation nationale et en Allemagne par les administrations scolaires des Länder. Les enseignants intéressés déposent leurs candidatures par la voie hiérarchique. Les départements et Länder procèdent alors à une présélection, qui, dans de nombreux cas, passe par un entretien. Les candidatures présélectionnées sont présentées et validées lors de la commission de répartition.

La commission de répartition réunit fin avril de chaque année les représentants administratifs des Länder et de l'Éducation nationale et doit faire concorder la contrainte d'équilibre avec les besoins et vœux des candidats. Cette commission est préparée et coordonnée par l'OFAJ. C'est en fait dès 1968 que l'OFAJ a été chargé de la gestion et de l'accompagnement de l'échange, alors que d'autres échanges, comme celui des assistants ou des enseignants du second degré, sont traités directement entre les administrations compétentes des deux pays.

Dispositifs d'accompagnement des enseignants

Pour participer à l'échange, il est conseillé d'avoir des connaissances de base de la langue du partenaire. Cependant, il est possible de participer à titre exceptionnel, et en cas de forte motivation, sans connaissances de la langue du partenaire, comme le précise le BO de l'Éducation nationale (2006-2007 : 5) : « Pour en bénéficier, il est souhaitable qu'ils maîtrisent les connaissances de base de la langue allemande ; toutefois peuvent être examinées les candidatures d'enseignants particulièrement motivés dont le niveau de langue demande à être perfectionné. » À ces personnes, l'OFAJ propose un cours de langue spécifique.

Pour préparer et accompagner les enseignants, l'OFAJ a développé au fil des années différents types de séminaires : une réunion d'information fin mai qui permet, entre autres, aux futurs participants de rencontrer ceux qui terminent leur année d'échange, un stage pédagogique début août sur l'enseignement d'une langue étrangère à l'école primaire, suivi d'un cours de langue de deux semaines selon la méthode tandem, puis au mois de janvier un stage binational traitant des aspects interculturels et, pour terminer, la réunion bilan au mois de mai incluant la rencontre avec les futurs participants. Les cinq séminaires d'accompagnement ne servent pas seulement à préparer et à accompagner les participants, mais aussi à créer des liens entre eux, liens qui perdurent le plus souvent bien au-delà de l'échange. Le suivi presque personnalisé des enseignants a permis à l'OFAJ, d'année en année, de prendre la mesure de l'importance que cette expérience de mobilité peut avoir dans la vie personnelle et professionnelle des enseignants.

Pourquoi une recherche sur les enseignants participant à l'échange ?

S'agissant d'une expérience humaine globale de déplacement, d'un vécu au quotidien d'une altérité linguistique, culturelle et professionnelle, l'échange des enseignants du premier degré méritait une exploration scientifique systématique afin de repérer des problématiques spécifiques, des réactions et des apprentissages particuliers dont la description et l'analyse pourront servir de référence et de point de départ pour la préparation et l'accompagnement non seulement d'autres candidats du même programme, mais aussi de ceux d'autres programmes de mobilité proposés par l'OFAJ[2] ou d'autres organismes.

Car l'impact réel et à long terme du potentiel formateur de ces expériences très spécifiques sur l'institution scolaire, sur les attitudes et les pratiques pédagogiques, sur l'acquisition de compétences linguistique, sociale, interculturelle et pédagogique ainsi que sur l'évolution personnelle n'est jusqu'ici que fort peu connu. Il peut surprendre qu'à ce jour aucune étude d'envergure n'ait été consacrée à ces enseignants du premier

---

2. Pour n'en citer que quelques-uns : les programmes d'échanges scolaires soutenus par l'OFAJ témoignent d'une grande diversité de formes et de contenus. Pour les programmes de groupes qui s'adressent aux élèves de l'enseignement primaire et secondaire, les rencontres se déroulent soit sur le lieu d'accueil avec hébergement dans les familles, soit en tiers-lieu. Les programmes d'échanges individuels Voltaire et Brigitte-Sauzay constituent l'autre versant. Ils sont fondés sur l'accueil réciproque d'un élève par un correspondant et sa famille, ainsi que par l'établissement scolaire du pays partenaire. Voir : [http://www.ofaj.org/aller-a-l-ecole]

degré qui décident de faire l'expérience de la mobilité professionnelle sous forme d'un échange d'une durée variant entre un et trois ans dans le pays et l'école de l'autre. Ceci est d'autant plus étonnant eu égard le nombre de personnes concernées depuis plus de quarante-cinq ans et l'effet multiplicateur de l'échange : plus de trois mille instituteurs ; un nombre considérable d'enfants allemands et français sensibilisés en maternelle et dans le primaire à la langue de l'autre, souvent grâce au recours à des méthodes innovantes ; des parents d'élèves acquis à l'intérêt de l'enseignement d'une langue vivante dès la maternelle, sans oublier les retombées pédagogiques et didactiques sur l'enseignement dans le pays d'origine. Il n'est certainement pas exagéré d'affirmer que ces enseignants « instituent » une nouvelle culture, nourrie des différences, certes, mais surtout ancrée dans des expériences partagées et des valeurs communes.

Qui participe et pour quelles raisons ?

Dans cette partie, nous poursuivons la présentation de l'échange déjà commencée dans l'introduction en nous intéressant aux caractéristiques sociobiographiques de la population qui saisit l'opportunité de ce déplacement spatio-temporel spécifique. Dans quel contexte familial s'inscrit une telle décision ? À quels problèmes doit-on faire face dans la préparation et déroulement du séjour ? Y a-t-il des dispositions particulières, récurrentes qui se dégageraient au-delà des variations individuelles ?

Pour composer le tableau représentant un aperçu global de la population nous utilisons deux types de matériaux : d'une part des données obtenues par questionnaires, adressés à des enseignants français et allemands qui avaient participé entre 1999 et 2009 à l'échange. C'est à dessein que cette période a été choisie, car si la présente enquête est inscrite dans la continuité de celle conduite en 1998, elle vise surtout à réunir des éléments permettant de renouveler et d'enrichir notre connaissance et notre compréhension de cette mobilité enseignante. Aussi, la comparaison avec des données recueillies antérieurement sera-t-elle un outil pertinent pour rendre compte d'éventuels changements intervenus sur une période de plus de dix ans.

D'autre part, le nombre relativement faible des questionnaires exploités (55), nous a conduit à avoir recours aux sources documentaires dont dispose l'OFAJ pour éviter les risques d'une interprétation décontextualisée.

Un dernier mot sur les chiffres. Comme il a déjà été dit dans l'introduction, la recherche est, pour l'essentiel, une approche qualitative, compréhensive – en ce que la majeure partie de l'ouvrage envisage l'expérience sous l'angle de la subjectivité et des interprétations livrées par les acteurs sociaux de la mobilité lors des entretiens de groupe –, mais nous n'avons pas pour autant exclu des outils quantitatifs. Nous avons en effet estimé que ceux-ci offrent un outil épistémologique complémentaire pour le travail d'interprétation et qu'une association appropriée des deux approches, en dépassant le clivage qualitatif-quantitatif, allait nous permettre de poser des éclairages différenciés sur la problématique. Les données quantitatives nous servent à poser un cadre général dans lequel va prendre place la « mosaïque », pour reprendre la métaphore du sociologue américain Howard S. Becker, que nous cherchons à composer pour obtenir un reflet aussi complet et coloré que possible du déplacement autant spatial qu'identitaire des enseignants

Données statistiques sur les enseignants mobiles

Pour les raisons évoquées ci-dessus, les participants à l'enquête ont été choisis sur le critère de leur participation à l'échange entre 1999 et 2008-2009 pour au moins une année. À ce critère est joint un aspect purement pratique : il fallait disposer des coordonnées des enseignants à qui nous souhaitions envoyer le questionnaire dématérialisé, par courrier électronique et, en version papier, par voie postale. Au final, nous avons pu adresser le questionnaire à un peu plus de cent personnes qui, au fil des années, s'étaient portées volontaires pour constituer un « réseau des anciens participants ». Comportant un ensemble de 116 questions fermées, semi-fermées et ouvertes sur un total de vingt pages, le questionnaire était très largement inspiré des recherches précédentes menées sur ce même échange, ainsi que de celles concernant la mobilité scolaire dans le cadre du programme Voltaire[3]. En dépit du volume impressionnant et un nombre élevé de questions ouvertes, les retours, inhabituellement nombreux dans le cadre des deux enquêtes précitées, nous laissaient espérer un taux satisfaisant des retours. Sur la centaine d'enseignants contactés, cinquante-cinq ont renvoyé le questionnaire rempli, ce qui correspondait à peu près à nos attentes. Toutefois, traduit en pourcentage sur la base de la totalité des participants, cela ne représente que 6,9 % de l'ensemble des personnes qui ont participé à l'échange entre 1999 et 2008 et, d'un point de vue purement statistique, les résultats ne peuvent donc être qualifiés de représentatifs. Le matériau s'est néanmoins révélé suffisamment riche pour se prêter à une exploitation statistique permettant un aperçu général, mais néanmoins significatif de la population concernée[4].

Les questions sont regroupées selon un ordre chronologique – avant,

---

3. Voir *L'immersion dans la culture et la langue de l'autre – Une recherche évaluative du programme Voltaire*, Textes de travail de l'OFAJ 23-2006, [http://www.ofaj.org/sites/default/files/Textes-de-travail_23.pdf].

4. Le dépouillement des questionnaires et le traitement statistique des données ont été effectués par Martin Bauch.

pendant et après l'échange – et portent sur différentes facettes de l'expérience de mobilité : capital de mobilité – connaissance et pratique des langues étrangères ; mobilités antérieures ; séjours dans le pays de destination – ; représentations sociales des deux pays ; dispositions individuelles et leur influence sur la prise de décision ; organisation pratique du séjour et processus d'insertion sociale et linguistique dans le milieu d'accueil. Un volet important était évidemment consacré à la vie dans l'école de l'autre, aux relations avec les élèves, les collègues ; la perception des ressemblances et des différences entre les deux systèmes scolaires. Ce volet comprend exclusivement des questions ouvertes pour inviter les informateurs à livrer leurs interprétations des phénomènes observés. La dernière partie du questionnaire est consacrée au retour et à la réinsertion dans le milieu d'origine. Un nombre important de questions concerne la perception des changements personnels et professionnels ressentis à la suite de l'expérience, l'intérêt porté par le milieu d'origine à l'égard de cette expérience ainsi que le réinvestissement des acquis dans la pratique pédagogique.

Pour le traitement des données, il a été fait usage du logiciel Sphinx (édition Lexica), spécialement conçu pour les enquêtes comportant des questions fermées et des questions ouvertes, permettant ainsi de combiner des approches qualitatives et quantitatives en ajoutant au traitement statistique des questions fermées la prise en compte des structures linguistiques des réponses aux questions ouvertes grâce à l'analyse syntaxique (lemmatisation). Pour les besoins de la présente recherche, nous avons donc pu combiner les valeurs quantitatives avec les valeurs qualitatives. Ceci nous permet de bénéficier de la rigueur du quantitatif et en même temps de la spontanéité, de la diversité et de la créativité du qualitatif. La recherche d'éléments récurrents a été utilisée pour le traitement des réponses ouvertes, surtout en ce qui concerne les questions sur le vécu à l'école de l'autre ainsi que sur la perception du pays partenaire.

Comme précisé précédemment, les données établies à partir des questionnaires seront mises en rapport avec les éléments factuels issus de sources documentaires concernant l'échange et les connaissances issues de la pratique du terrain.

Évolution globale de l'échange

Pendant la période concernée par notre enquête, à savoir 1999-2008/2009, le nombre de participants à connu, après une baisse, une relative stagnation. Ce n'est qu'à partir de 2008/2009 que s'amorce une légère hausse, comme le montre le tableau ci-dessous qui représente la répartition du nombre d'enseignants par année. Au total, 794 personnes étaient alors investies dans l'échange (403 Allemands et 391 Français).

Participants à l'échange entre 1999/2000 et 2008/2009

	99/00	00/01	01/02	02/03	03/04	04/05	05/06	06/07	07/08	08/09
A	36	35	39	50	46	42	36	37	38	44
F	30	30	40	48	44	41	36	37	38	47

Source : OFAJ

Ce tableau mérite quelques explications. Nous avons déjà évoqué dans l'introduction que l'année 2000 a été celle avec la participation la plus faible de toute l'existence de l'échange, avec trente-cinq Allemands et trente Français. Il faut préciser que le pays partenaire disposant de plus de candidats s'aligne autant que possible sur celui avec moins de candidats (principe d'équilibre). Ainsi, il est tout à fait probable qu'en 1999, les Länder disposaient de bien plus de candidats que les trente-cinq effectivement partis. Ce principe d'équilibre relève avant tout d'une question financière, car les enseignants continuent à percevoir leur salaire par leur administration d'origine. Chaque Land et chaque département souhaite donc accueillir autant d'enseignants qu'il envoie. Néanmoins, les Länder ou les départements acceptent parfois un léger déséquilibre, ce qui correspond donc à un engagement financier réel de leur part, dans l'objectif, par exemple, d'assurer la continuité de l'enseignement dans une région précise. Dès 2001, le nombre de candidatures françaises augmente petit à petit, ce qui est certainement dû à un changement politique : Jack Lang, ministre de l'Éducation nationale, implante, on l'a vu, la diversité des langues à l'école primaire en France à partir de 2001.

De façon générale, entre 2000 et 2006/2007, c'était néanmoins avant tout le côté français qui manquait de candidats, alors que le côté allemand aurait pu passer à des effectifs plus importants. Ce n'est qu'à partir de 2007 que la situation commence à s'inverser pour la première fois, et que le nombre de candidatures françaises dépasse le nombre de candidatures allemandes. Il est difficile d'analyser l'ensemble des raisons, mais une, entre autres, peut être un changement de perception du pays voisin. La coupe du monde de football en 2006 en Allemagne, les célébrations du 20e anniversaire de la chute du mur, le succès du groupe Tokio Hotel et l'image de la capitale allemande en tant que symbole, mais aussi proposant des prix de loyers abordables comparés à ceux pratiqués en France, notamment en région parisienne, font apparaître l'Allemagne sous une nouvelle lumière. Dans le sens inverse, les émeutes en banlieue parisienne en 2006 et les prix élevés dans la capitale française, mais aussi dans les autres villes, font hésiter certains candidats potentiels allemands. Comme les Länder commencent à manquer de candidatures, les administrations compétentes ont tendance à accepter plus facilement un troisième, voire quatrième renouvellement, sinon plus, alors qu'en théorie, le programme n'autorise qu'une deuxième année.

Durée de la participation

Du côté français, l'échange est publié au BO de l'Éducation nationale, qui indique que la durée de l'échange est limitée à une année et qu'une deuxième année reste exceptionnelle. Malgré cela on peut estimer qu'un peu plus d'un tiers des participants français décide de rester une deuxième année. Un troisième renouvellement est plutôt rare.

Du côté allemand, les différents Länder suivent une politique qui varie selon les besoins. Les Länder disposant d'un nombre suffisant de candidats vont rarement accepter une troisième année, ceux qui manquent de candidats ont tendance à autoriser plus facilement les prolongations de séjour. Certains participants ont ainsi pu rester en France pour une durée de huit ans, voire plus. Le renouvellement est demandé par les enseignants et éventuellement accordé par les autorités dans la deuxième moitié de la première année d'échange (entre février et avril). Un changement d'affectation peut être nécessaire, ou demandé.

Ces configurations générales se retrouvent dans l'enquête. La durée de la participation se repartit de manière assez équilibrée entre une année (43,6 %) et deux ans (45,5 %). À ces deux cas, il faut ajouter ceux qui sont partis trois ans (10,9 %). Par nationalité, on remarque une légère différence entre les participants allemands et français, surtout en ce qui concerne les personnes qui sont restées trois ans dans le pays partenaire : 18 % des Allemands contre seulement 6 % des participants français.

L'âge des participants

La moyenne d'âge de l'échantillon complet s'élève à 37,6 ans au moment du départ – ce qui signifie que ce sont en grande partie des enseignants expérimentés qui participent. Lorsqu'on regarde les deux groupes séparément, on constate que 51,5 % des participants français ont moins de trente-cinq ans, ce qui n'est le cas que de 31,8 % des Allemands. On peut également noter qu'il n'y avait pas de participant allemand en-dessous de vingt-cinq ans (contre 18,2 % du côté français) et qu'en contrepartie aucun participant français n'avait plus de cinquante ans au moment de l'échange (contre 27,3 % du côté allemand).

Ces données issues de notre enquête entrent en résonance avec la tendance générale observée par l'OFAJ depuis un certain nombre d'années : l'âge moyen des participants français est inférieur à celui des allemands. Il y a plusieurs explications à cela : les participants français ont la possibilité de participer à l'échange directement à l'issue de leurs études. Certaines années, nous avons pu constater un certain nombre de participants « PE2 », c'est-à-dire des professeurs des écoles en deuxième année de formation à l'IUFM (Institut universitaire de formation des maîtres).

Le parcours scolaire étant plus court en France, certains participants peuvent avoir vingt-trois ans, voire moins, au moment du départ. Ce groupe des moins de trente-cinq ans est particulièrement mobile et attiré par les grandes villes allemandes. Souvent, ils ne sont pas mariés, n'ont pas d'enfants, et pas d'obligations (crédits à rembourser pour l'achat d'une maison, par exemple). Les enseignants de moins de trente-cinq ans constituent la moitié du groupe français ; la seconde est composée de participants plus âgés, qui souvent ont des enfants ou qui ne partent qu'après que les enfants sont autonomes. Du côté allemand, certains Länder n'envoient que les candidats titularisés et après plusieurs années d'exercice du métier. Le cursus scolaire étant plus long en Allemagne (ce qui est valable pour la période en question car depuis certains Länder ont décidé de le raccourcir) on ne trouve donc peu de participants allemands en dessous de trente-cinq ans (moins d'un tiers). En raison des contraintes liées à cette période de la vie, ces enseignants sont déjà moins mobiles. Ceci explique la présence d'un nombre relativement élevé du côté allemand de participants qui attendent l'âge adulte de leurs enfants pour réaliser l'échange. Ils ont alors souvent entre cinquante et soixante ans. Il convient d'ajouter à cela le fait que, depuis un certain nombre d'années, l'âge moyen des enseignants est, de manière générale, plus élevé en Allemagne – quarante-quatre ans – qu'en France – trente-huit ans –, (cf. RERS 2009 : 281, et Statistisches Bundesamt 2010 : 349) ; ces chiffres correspondent à la fois à ceux de notre corpus et à ceux de l'échange dans son ensemble.

Les jeunes enseignants français ont d'ailleurs parfois du mal à s'intégrer dans les écoles allemandes ; ils ont l'impression de travailler avec des collègues ayant l'âge de leurs parents, d'être sous leur tutelle et de ne pas être pris au sérieux. Parfois considérés comme des assistants de langue, il arrive qu'ils rencontrent des difficultés à faire respecter leur statut. Nous verrons dans l'analyse des entretiens que les motivations, les attentes et l'appréhension du vécu se déclinent bien différemment selon l'âge et les phases de la vie personnelle et professionnelle. En tout état de cause, le fait de rassembler des personnes du même métier, certes, mais d'âges très variables fait de ce programme un échange intergénérationnel, inédit en comparaison avec d'autres formes de mobilité.

En France comme en Allemagne, le métier de l'enseignant du premier degré est fortement féminisé. Il n'est donc pas surprenant que les hommes soient minoritaires dans cet échange. Néanmoins, on constate une différence entre groupes. Du côté français, on retrouve régulièrement un taux d'environ 10 % d'hommes participant au programme, alors que du côté allemand, c'est environ la moitié de ce taux. Ceci reflète la situation au niveau national en France avec 18,7 % d'hommes et en Allemagne avec 10 % d'hommes dans l'enseignement du premier degré. Sur les cinquante-cinq personnes ayant renvoyé le questionnaire, on retrouve ce déséquilibre avec, du côté allemand, trois hommes et dix-neuf femmes et pour les participants français sept hommes et vingt-six femmes.

Situation familiale

Les situations familiales des participants sont extrêmement diverses, ce qui est une autre particularité de ce type de mobilité. Si on trouve un certain nombre de personnes vivant seules, force est de constater un taux relativement élevé de couples et de familles avec trois, même quatre enfants. Presque chaque année, il y a au moins un couple – où les deux sont enseignants – parmi les participants, souvent avec des enfants. Les participants ayant déjà fondé une famille font preuve de beaucoup de talent d'organisation dans la préparation de leur départ, selon les nécessités induites par la vie familiale et on trouve des solutions variables : par exemple, une séparation de la famille, on emmène un enfant et le second reste dans le pays d'origine, etc. Les participants français qui partent avec des enfants en âge scolaire demandent souvent la ville de Berlin à cause des possibilités d'enseignement francophone dont cette ville dispose avec un collège et lycée français gratuits. Il est vrai que jusqu'il y a quelques années, les Français hésitaient beaucoup à prendre le risque de faire « perdre une année » à leurs enfants par l'intégration au système scolaire allemand. Du côté allemand, on observe plus régulièrement des personnes qui scolarisent leurs enfants dans le système français. Pour les enfants, il s'agit alors d'une réelle immersion.

Les participants plus âgés n'ont certes plus à gérer les besoins de leurs enfants mais se voient parfois dans l'obligation de s'occuper de leurs parents. Une situation qui n'est pas toujours facile non plus. Et il n'est pas rare de trouver les participants en situation de rupture familiale après un divorce ou une séparation et qui profitent de cette année pour ouvrir de nouveaux horizons.

Dans notre échantillon, ces tendances générales se confirment, puisque au moment de leur participation à l'échange, plus de la moitié des personnes (61,8 %) était célibataire, séparé ou divorcé contre 38,2 % qui vivaient en couple et pour un tiers d'entre eux le séjour se passait en compagnie du conjoint. Sur les 55 personnes interrogées, 27 ont des enfants. Presque la moitié d'entre eux (14) s'est décidé à tenter l'aventure avec leurs enfants, soit seul (7) soit avec le conjoint. La moyenne d'âge des enfants qui étaient du voyage s'élève à 10 ans ; les enfants âgés de plus de 16 ans sont restés dans leur pays d'origine.

Répartition géographique

Comme il s'agit d'un échange qui n'est certes pas un échange poste à poste mais qui tend néanmoins vers un certain équilibre géographique (équilibre des personnes envoyées et accueillies par département et par Land), les régions d'origine déterminent les régions d'accueil (et non pas les villes et écoles d'accueil). En France et en Allemagne les régions frontalières participent en règle générale activement. Ainsi on peut considérer que les participants des académies de Strasbourg et de Nancy-Metz (surtout Bas-Rhin et Moselle) et les Länder Bade-Wurtemberg, Rhénanie-Palatinat et Sarre, constituent environ un tiers des participants. Du côté français, on trouve également une forte concentration en région parisienne puis dans les grandes villes comme Bordeaux et Lyon. Les autres régions et départements participent plutôt de manière irrégulière. Du côté allemand, en plus des régions frontalières, on constate une participation régulière de la part de la Hesse, Rhénanie-du-Nord-Westphalie et de Berlin. Les nouveaux Länder participent de façon régulière ou ponctuelle, souvent avec un ou deux participants. Les Länder Brème, Basse-Saxe, Bavière, Hambourg, et Schleswig-Holstein ne participent pas à l'échange à cette époque. Au niveau des affectations demandées, les candidats français privilégient depuis quelque temps Berlin mais aussi les grandes villes comme Cologne ou Francfort, alors que les candidats allemands sont surtout attirés par les régions maritimes plus que par Paris. En ce qui concerne les frontaliers, on trouve deux cas de figure : ceux qui souhaitent travailler de l'autre côté de la frontière sans déménager et ceux qui souhaitent enfin mieux connaitre d'autres régions du pays voisin et donc partir plus loin. Il est de toute façon toujours difficile de mettre en adéquation les postes à pouvoir avec l'ensemble des vœux et besoins des candidats.

Pour l'échantillon analysé on remarque pour les Français une importante participation d'enseignants exerçant en Île-de-France (18 %) et un taux égal pour ceux enseignant en région frontalière. Les autres viennent de différentes régions. Cette concentration sur certaines régions ne se retrouve pas du côté allemand, même si le Bade-Wurtemberg, la Rhénanie-Palatinat et la Sarre sont représentés avec un même taux de 8 %. Les régions d'affectation correspondent aux régions d'origine avec beaucoup de participants allemands envoyés en Île-de-France, 14,5 %, et en Lorraine 10,9 %, et des Français affectés à Berlin et en Rhénanie-du-Nord-Westphalie et qui se partagent la première position avec 10,9 %.

Eléments déclencheurs de la prise de décision

L'étude des motivations et des éléments déclencheurs dans l'histoire de vie de la personne qui l'ont amenée à mettre en œuvre le projet de mobilité professionnelle se trouvera au centre de la partie consacrée à l'analyse des entretiens. Mais déjà les données statistiques permettent d'entrevoir à quel point la décision se décline sur des registres extrêmement diversifiés, touchant autant à des facteurs internes de la personne, ses dispositions individuelles qu'à des facteurs externes, liés, par exemple à l'influence de l'environnement familial et social.

Le questionnaire leur proposait des questions à choix multiple avec cinq affirmations auxquelles il s'agissait de réagir, sur une échelle de valeurs d'approbation (tout à fait d'accord, assez, d'accord, plutôt pas d'accord, pas d'accord). Nous avons traité de manière indistincte les réponses données par les Français et les Allemands pour ne retenir que des tendances du profil général. Le premier tableau contient des affirmations sur les liens amicaux, familiaux avec le pays voisin en amont de l'échange et sur l'intérêt qu'on lui porte soi-même et que lui porte l'entourage. Nous supposions que la décision de partir pouvait être influencée par les attitudes de l'entourage et qu'elle peut parfois se prendre en opposition avec l'univers dans lequel évolue le candidat à la mobilité (chiffres en gras : résultats significatifs).

	Tout à fait d'accord	Assez d'accord	Plutôt pas d'accord	Pas d'accord
Amis et proches ont beaucoup parlé du pays partenaire	2,9%	17,1%	**45,7%**	34,3%
Le pays partenaire m'a toujours intéressé(e)	**73,6%**	18,9%	5,7%	1,9%
J'ai des ami(e)s du pays du partenaire	**61,4%**	15,9%	2,3%	20,5%
J'avais des idées très précises sur les habitants	13,2%	39,5%	**31,6%**	15,8%
La vie dans mon pays me semblait étroite	28,9%	**44,4%**	8,9%	17,8%
J'ai toujours voulu partir dans le pays partenaire pour un certain temps	**57,7%**	25,0%	11,5%	5,8%
J'ai de la famille dans le pays partenaire	8,1%	2,7%	0,0%	**89,2%**

On constate que l'intérêt manifeste pour le pays partenaire (73,6 %) se concrétise entre autres dans des liens amicaux (61,4 %), ainsi qu'une curiosité pour mettre cet intérêt à l'épreuve du quotidien par un séjour prolongé (57,7 %) – ce qui ne surprend guère. Il est aussi intéressant de constater une indifférence assez manifeste de la part de l'entourage (45,7 %). Notons encore le taux élevé des personnes affirmant être plutôt ou tout à fait d'accord sur le fait que leur vie dans leurs pays leur semblait étroite. Nous ne commenterons pas plus en avant ce point qui fera objet d'une analyse approfondie dans le chapitre 4.

Le tableau suivant reflète les raisons qui amènent à s'intéresser à l'échange et à la mobilité de façon générale.

	Tout à fait d'accord	Assez d'accord	Plutôt pas d'accord	Pas d'accord
Je voulais connaitre quelque chose de nouveau	**92,5%**	7,5%	0,0%	0,0%
Je voulais en finir avec les idées reçues, y compris les miennes	7,7%	19,2%	**30,8%**	**42,3%**
C'est une chance de promotion professionnelle	19,4%	25,8%	16,1%	**38,7%**
Être mobile est une obligation de nos jours	22,2%	**37,0%**	**29,6%**	11,1%
Je voulais perfectionner mes connaissances de la langue du partenaire	**86,8%**	9,4%	1,9%	1,9%

La première affirmation confirme les résultats du tableau précédent : la volonté de découvrir quelque chose de nouveau, de sortir du quotidien. Le groupe s'estime « ouvert » et 73 % ne se sentent pas hypothéqués par des préjugés envers d'autres cultures. Même si une grande majorité veut perfectionner ses connaissances linguistiques, l'échange n'est perçu comme une formation complémentaire qui pourrait mener à une promotion professionnelle que par un peu plus de la moitié d'entre eux. Une partie importante du groupe ne voit pas la nécessité absolue d'être mobile, ce qui pourrait être caractéristique pour les enseignants du primaire.

Précisons qu'en France, les enseignants du primaire sont affectés à un département, ceux du secondaire peuvent être affectés dans toute la France. Le choix du primaire est ainsi souvent lié au fait qu'on préfère une certaine sédentarité à la mobilité.

Le troisième tableau (page 32) reflète l'image que les participants ont d'eux-mêmes. Il s'agit là de voir s'il existe des prédispositions ou des traits de caractère qui favoriseraient la mobilité des enseignants.

Les participants se décrivent donc plutôt comme ouverts, ayant confiance en eux-mêmes et capables d'affronter des situations conflictuelles. Cette image d'eux-mêmes a pu les encourager avant l'échange à tenter l'aventure, mais elle a également pu se forger ou s'affirmer du fait d'avoir su affronter les épreuves liées à l'échange.

L'organisation de la vie quotidienne

Il convient de mentionner ici que les participants français touchent une prime d'installation d'un montant de 4 400 € environ pour la première année – réduite de 25 % pour la deuxième année (voir B.O. 2006-

	Tout à fait d'accord	Assez d'accord	Plutôt pas d'accord	Pas d'accord
Le nouveau est un défi	**70,6%**	27,5%	2,0%	0,0%
Je suis une personne ouverte au monde	**60,9%**	39,1%	0,0%	0,0%
Je n'ai pas confiance en moi	8,7%	17,4%	**52,2%**	**21,7%**
Je me sens incompétent(e)	4,8%	19,0%	23,8%	**52,4%**
Je trouve généralement une solution à chaque problème	25,0%	**70,8%**	4,2%	0,0%
J'arrive généralement à m'en sortir dans des situations conflictuelles	21,4%	**67,9%**	10,7%	0,0%

2007 : 5). Il n'existe certes rien de comparable du côté allemand, mais il faut également noter que le salaire allemand dépasse largement le salaire des participants français. En dehors de cette prime française, les participants ne disposent d'aucune aide financière ou logistique pour leur installation dans le pays voisin. Par contre, l'OFAJ met en réseau l'ensemble des participants, mais aussi les anciens avec les nouveaux lors de la première réunion en mai appelée stage bilan-info, ce qui permet parfois aux participants de reprendre un appartement d'un prédécesseur ou d'un participant originaire de la ville où il est affecté, même s'il ne s'agit pas d'un échange « poste à poste ». Ce réseau permet aussi un échange de bonnes pratiques et de conseils ; une brochure « Conseils pratiques » est d'ailleurs éditée chaque année sur la base des expériences des anciens participants. En plus, les écoles d'accueil – donc la direction, les collègues, les parents – sont souvent disponibles pour aider à résoudre les premiers problèmes administratifs.

S'installer dans un autre pays, même si c'est pour un temps déterminé, signifie de réorganiser sa vie. Dans la population concernée par notre enquête, la plupart (> 75 %) s'est vite, voire très vite, habituée à sa nouvelle vie, même si la recherche d'un logement n'a pas toujours eu lieu sans difficultés. Au bout de deux mois, la plupart se sont fait de nouveaux amis dans le pays partenaire. Près des deux tiers (de l'ordre de 64 %) se sont engagés dans une activité extrascolaire. Ainsi de nombreux participants allemands ont montré une passion pour le chant et intégré une chorale. Du côté français, c'était plutôt le sport qui a été choisi en majorité (61 %) et un tiers des participants allemands et français a suivi des cours de langue.

L'organisation de la vie quotidienne a été jugée relativement facile par la majorité et seul un nombre très faible (9,1 %) a envisagé au moins une fois d'abandonner. Les raisons avancées sont très variables : le climat, peu de contacts avec les habitants du pays, retrouver sa famille, pas d'intégration à l'école, conditions de travail.

L'école de l'autre

Dans leur pays d'origine, les enseignants du premier degré sont le plus souvent en charge d'une seule classe et enseignent alors l'ensemble des matières. Dans l'échange, ils agissent comme « intervenants en langues » et enseignent presque exclusivement leur langue maternelle comme langue étrangère. Dans certains cas s'ajoutent quelques heures dans d'autres matières comme, par exemple, le sport ou les arts plastiques qui sont alors le plus souvent également utilisées pour enseigner la langue étrangère. Dans certains cas particuliers et surtout dans les régions frontalières, les enseignants interviennent dans le cadre d'un « enseignement bilingue » et enseignent alors d'autres disciplines non linguistiques (DNL), comme l'histoire ou les mathématiques dans la langue cible. En Allemagne la taille des écoles et la politique linguistique permettent souvent de regrouper l'enseignement du français d'un enseignant sur une à trois écoles. Le fait d'enseigner le français en Allemagne, entre autres, dans le cadre d'heures facultatives (AG = *Arbeitsgruppen*) permet d'ailleurs de démultiplier les heures au delà de l'enseignement qui s'effectue dans le cadre du programme obligatoire. En France, l'offre d'allemand à l'école primaire est souvent plus dispersée et l'enseignant allemand peut intervenir dans quatre ou cinq écoles, voire plus, de petite taille qui néanmoins sont souvent assez rapprochées. Ainsi, deux tiers des participants enseignaient dans plusieurs écoles (six écoles en moyenne pour les participants allemands, deux écoles pour les français).

En plus des changements dans l'organisation de leur vie privée, les participants doivent s'adapter à des situations nouvelles par rapport à leur travail dans leur pays d'origine : l'enseignement d'une langue, le nombre d'écoles et un système éducatif différent. Tout d'abord, l'enseignement de sa langue comme langue étrangère à l'étranger constitue un défi important, même si les enseignants du premier degré qui ont choisi de participer à l'échange avaient, pour la moitié, des expériences dans l'enseignement de la langue de l'autre dans le pays d'origine.

En plus de cette nouvelle situation professionnelle qui est d'enseigner sa langue à l'étranger, les participants se voient confrontés à un système scolaire bien différent de celui qu'ils connaissent. Il ne faut pas oublier qu'un enseignant a été socialisé dans le système éducatif de son pays d'origine et en est donc particulièrement imprégné. Il ne surprend donc guère qu'on pose un regard à la fois très curieux mais aussi critique sur l'autre système. Le tableau ci-dessous indique un classement des appréciations individuelles du système scolaire du partenaire, telles qu'elles apparaissent dans les réponses aux questions ouvertes :

Système français vu par les participants allemands	Système allemand vu par les participants français
Ecole toute la journée	Journée plus courte
Plus de rigueur	Plus ouvert, plus détendu
Plus de discipline et de respect	Plus d'autonomie donnée à l'enfant
Centré sur l'élève	Centré sur l'enfant
Centré sur les programmes scolaires	Développement de la personnalité
Travaille-bien à l'école	Moins de discipline et de respect
Pédagogie traditionnelle, apprendre par cœur	Plus de souplesse pour les collèges
Moins de liberté	*Amuse-toi bien à l'école*
Centré sur le professeur	Système élitiste
Beaucoup de pression	Orientation très/trop tôt
Moins de créativité	Place des parents mal définie
Remplacement mieux réglé	Changement de salles pour les profs
Plus d'aide sur place	Programmes propres à chaque Land

Ces tendances se reflètent aussi dans l'évaluation des différences que les enseignants ont constatées dans le comportement des élèves dans le pays partenaire lors des cours. L'énumération ci-dessous reprend les réponses aux questions ouvertes telles qu'elles ont été formulées par les participants. En ordre décroissant, les enseignants français estiment que les élèves allemands sont : beaucoup plus autonomes (30 %) ; plus spontanés (22 %) ; plus ouverts (22 %) ; plus directs (20 %) ; moins concentrés (14 %) ; indisciplinés (12 %) ; habitués à participer à chaque projet et/ou décision (10 %) ; plus solidaires (10 %). Mais ils trouvent aussi qu'ils sont très actifs et bougent beaucoup (20 %) ; n'hésitent pas à contester, donner leur opinion (12 %) ; demandent toujours « pourquoi » à un refus ou une interdiction avant d'obéir (10 %) ; et que l'on fait plus confiance aux élèves (14 %).

Les participants allemands décrivent les élèves français dans leur quotidien à l'école comme : moins autonomes mais plus respectueux et disciplinés (35 %) ; obéissants (30 %) ; habitués à une grande autorité de l'enseignant (22 %) ; moins ouverts (18 %) ; plus polis (18 %) ; mieux élevés (18 %) ; plus formatés (14 %). Il faut également noter que 15 % des participants n'ont remarqué que très peu de différences entre les élèves en Allemagne et en France.

Une autre question portait sur les raisons qui permettent d'expliquer ces différences. Les participants ont déjà eu certaines informations sur le système scolaire du partenaire par l'intermédiaire de l'OFAJ dans le cadre d'une préparation à l'échange. (voir par exemple « Regards croisés /*Interkulturelle Betrachtungen*, dans le *Glossaire École maternelle et élémentaire* de l'OFAJ[5]). L'intérêt de cette question était de savoir comment ce savoir est utilisé pour expliquer ces différences. D'abord il faut préciser que les participants français ont répondu d'une manière assez exhaustive à cette question et qu'ils ont donné beaucoup plus de détails que les participants allemands qui, souvent, n'ont noté qu'un seul mot, voire rien. Voici une liste des réponses types en ordre décroissant données par les participants français : l'histoire (nazisme, période hitlérienne, RDA) de l'Allemagne (28 %) ; l'enseignement en Allemagne est plus centré sur l'enfant, plus grande considération de l'enfance en Allemagne (17 %) ; moins d'autorité et un système plus ouvert, plus responsabilisant et un apprentissage social plus important en Allemagne, mais moins de respect (13 %) ; l'organisation décentralisée en Allemagne et le centralisme en France (9 %) ; en France plus « militaire », plus de respect envers les professeurs et l'institution de l'école (9 %).

Les deux réponses qui suivent n'ont été mentionnées que par deux participants mais sont citées de manière exemplaire : « les compétences exigées en France sont plus élevées au niveau intellectuel et au niveau des connaissances générales » ; « au-dessus du bureau de la directrice allemande est inscrit : "chaque enfant est un génie", et de la française : "chaque enfant qu'on enseigne est un homme qu'on gagne" ».

Les explications données par les participants allemands en ce qui concerne les différences entre les systèmes éducatifs varient beaucoup et seulement deux tiers ont répondu à cette question et cela de manière plutôt générale et moins détaillée. En ordre décroissant, cela donne le résultat suivant : les différences dans l'histoire des deux pays (20 %) ; les différences culturelles (20 %) ; les méthodes pédagogiques et le système d'enseignement sont très différents : en France, on enseigne face à sa classe, et en Allemagne il y a beaucoup plus de travail en groupe (20 %) ; des objectifs différents (10 %).

Pourtant, à la question sur les ressemblances, de nombreux participants des deux pays ont également affirmé qu'il y avait beaucoup de similitude entre les deux systèmes scolaires. Dans la mesure où il n'y avait pas de différence frappante entre les participants allemands et français nous citons les réponses types les plus mentionnées pour l'ensemble du groupe : les enfants se ressemblent (22 %) ; tous les enfants sont curieux d'apprendre (20 %) ; les élèves ont tous les mêmes envies, rêves et peurs (20 %) ; le système cadre (collège, lycée) se ressemble (16 %) ; mêmes exigences de travail (14 %) ; le système des classes, les réunions, les manuels scolaires se ressemblent (14 %) ; nous sommes tous centré sur l'élève (12 %) ; nous [les professeurs] avons les mêmes difficultés et problèmes dans la vie professionnelle (10 %).

---

5 [http://www.ofaj.org/sites/default/files/02776_OFAJ_Glossar_Kiga_Internet-2011.pdf]

À une très large majorité (90 %), les enseignants peuvent utiliser les connaissances acquises en continuant l'enseignement de la langue du partenaire dans leurs pays d'origine. Tous les participants français et deux tiers des Allemands ont changé leur façon de concevoir l'enseignement : « passer le savoir par le jeu », « moins de pression » et « plus d'oral dans les matières » par exemple du côté français et pour les enseignants allemands : « je veille particulièrement à la compréhension des règles » ou « ce qui compte avant tout c'est la communication ». Il n'est donc pas surprenant que les enseignants lient à cet échange des sentiments comme « intégration » ou « succès » et ont tous gardé des contacts avec amis et collègues et envisagent même (< 85 % des enseignants) un retour pour un certain temps pour des raisons professionnelles et/ou personnelles dans le pays voisin. Un quart d'entre eux peuvent même s'imaginer s'installer définitivement dans l'autre pays.

Profils individuels témoignant de la diversité des itinéraires et pluralités des expériences

Après la présentation statistique de la population sur laquelle porte la présente étude, cette partie propose de donner du relief à ces acteurs de la mobilité enseignante. L'idée centrale des vingt et un portraits est de faire apparaître les différences et les variations individuelles des parcours. Il s'agit d'appréhender la pluralité des dispositions socialisatrices et leur influence éventuelle sur la décision de partir, de situer autant que possible dans le passé de chacun l'origine d'un désir de mobilité, un événement marquant. Nous voulons également pointer les perceptions à géométrie très variable des différences entre les pays ainsi que le regard porté sur l'expérience d'enseignement. Le point de vue diachronique sera lié au point de vue synchronique : comment le départ et l'expérience personnelle et professionnelle à l'étranger contribuent-ils à la réorganisation de la vie lors du retour ? Quelles influences relève-t-on sur la vie professionnelle, familiale ? Par ailleurs, les éléments biographiques livrés dans ces portraits visent à contextualiser les extraits des entretiens qui seront analysés par la suite. Les portraits, présentés dans un ordre alphabétique (le prénom fictif est suivi de la nationalité et de l'âge[6] au moment de l'entretien) ont été dressés à partir d'informations recueillies lors des entretiens collectifs et dans les questionnaires. Ils ne prétendent pas à être complets et des erreurs ou fausses interprétations des informations ont pu s'y glisser. Ils reflètent néanmoins dans leur totalité la diversité des biographies. Nous avons marqué entre guillemets les citations tirées des entretiens ou

---

6 Pour ne pas alourdir la lecture, les informations ont été simplifiées : D et F indiquent la nationalité et le chiffre, l'âge (NdÉ).

des questionnaires. Les portraits se présentent selon l'ordre alphabétique des prénoms.

Annick (F/52)

Annick est originaire de Seine-Saint-Denis. L'année 2005-2006, passée dans une école européenne franco-allemande à Berlin, alors qu'elle a quarante-huit ans, était loin d'être son premier long séjour en Allemagne. En effet, jeune étudiante, elle avait déjà vécu pendant trois ans en Allemagne, plus précisément à Berlin-Est du temps de la RDA. Pour financer ses études, elle y avait travaillé comme femme de ménage. Quitter l'Allemagne avait été très dur et le rêve d'y retourner, de retrouver la langue allemande, qu'elle considère comme sa seconde langue maternelle, ne l'a jamais quittée. C'est donc quinze ans plus tard qu'elle y retourne enfin, accompagnée de ses deux enfants, âgés alors de neuf et treize ans, mais sans son conjoint, resté à Paris. Se rendant compte qu'elle ignorait quasiment tout du système scolaire allemand, alors qu'elle enseignait déjà l'allemand en France et qu'elle avait même le CAPES, elle trouve que les débuts de l'échange étaient assez éprouvants. Ses journées commençaient souvent à 5 heures du matin avec les préparations des cours et ne se terminaient pas avant 19 heures. La présence de ses enfants ne lui a pas facilité le début de son séjour, déjà compliqué en soi. Il fallait gérer leurs problèmes d'adaptation. La cadette, qui ne parlait pas du tout l'allemand, est entrée en CM2 au lycée français à Berlin, ce qu'Annick qualifie de « oasis de paix » pour sa fille, car celle-ci avait été auparavant dans une école en France dans laquelle elle se sentait peu à l'aise. Malgré trois ans d'allemand à l'école, l'aînée peinait à le parler et était remplie d'angoisse au moment du départ. Mais autant elle avait pleuré à l'aller, autant, sinon plus, elle avait pleuré lorsqu'il s'était agi de quitter Berlin au bout d'un an. Pour Annick aussi, le retour dans le système français n'a pas été facile, même si elle a pu constater que ce qu'elle avait aimé auparavant en Allemagne, notamment un certain climat politique et social, par exemple, était révolu.

Barbara (D/53)

Barbara a quarante-huit ans lorsqu'elle décide, en 2004, de tenter l'aventure d'abord pour un et finalement pour deux ans. Mis à part quelques vacances passées en France, quelques échanges scolaires avec des écoles françaises, elle était jusque-là plutôt sédentaire : elle a peu voyagé et n'a jamais séjourné à l'étranger. Ni son mari, ni ses enfants, âgés respectivement de vingt-huit et de dix-huit ans au moment de son départ ne l'accompagnent. Ses parents sont des *Ostvertriebene* (expulsés de l'Est) de la Silésie, venus dans les années 1950 dans le Bade-Wurtemberg. À Fribourg-en-Brisgau, elle a fréquenté une école Waldorf où elle a appris l'anglais et quelques éléments rudimentaires du français. Elle dit avoir une grande affinité avec la France, mais a toujours souffert du fait de ne pas maîtriser suffisamment les langues apprises à l'école, en particulier le français, qu'elle trouve élégant et qu'elle adore entendre. Mariée, elle a terminé ses études tout en élevant ses deux enfants. Après plusieurs années difficiles où elle ne trouvait pas d'emploi, elle a commencé à enseigner à l'âge de trente-cinq ans, sa fille cadette était alors âgée de seize ans. Très vite, elle s'est investie dans des partenariats scolaires dans la région frontalière Bade-Wurtemberg/Alsace, et y a rencontré des collègues dont l'engagement dans les échanges franco-allemands l'a passionnée. En 2002, sa supérieure hiérarchique lui impose d'enseigner le français à la *Grundschule*. À son objection de ne pas être suffisamment qualifiée, et surtout de ne pas avoir une maîtrise suffisante du français pour assumer cette tâche, la supérieure lui répond qu'il suffit de savoir dire « ouvrez le livre ». Elle finit par accepter, mais demande de bénéficier de stages de langues. Son niveau en français s'améliore petit à petit, mais cela ne suffisait pas pour lever les blocages importants qu'elle ressentait en s'exprimant en français. Après avoir eu connaissance du programme de l'OFAJ, elle pose sa candidature, mais refuse le premier poste qu'on lui offre en région frontalière, estimant que la tentation de parler allemand y serait trop forte. Après avoir renouvelé sa demande, elle se retrouve, en 2004, en poste à Créteil, enthousiaste à l'idée de passer un certain temps en région parisienne. Son logement est beaucoup plus petit que sa maison avec jardin en Allemagne, mais elle est heureuse de vivre dans 47m^2 à Paris. Malgré des conditions de travail très dures – 480 élèves, 24 heures par semaine, des cours dans le quartier chinois, des grèves à répétition –, son enthousiasme ne faiblit pas. Elle organise des rencontres, des voyages, réussit à faire classer son école en Allemagne école pilote pour l'enseignement du français. Sa fille, alors âgée de dix-neuf ans, vient la rejoindre au bout d'un an, apprend rapidement le français et réussit brillamment son baccalauréat avec le français en option. Elle-même a complètement perdu son appréhension de s'exprimer en français devant les élèves. Elle remarque que grâce à cette mobilité linguistique sa prononciation en allemand a changé et qu'elle parle de manière plus distincte. Barbara a beaucoup aimé le défi pédagogique lancé par des classes multiethniques et changé ses méthodes pédagogiques. De retour en Allemagne, au bout de quelques mois, on lui propose un poste dans une école allemande en Slovaquie, à Bratislava, où elle se trouve encore au moment de l'entretien. Très active dans cette école, elle a rapidement mis en place un atelier de français. Elle entretient des contacts réguliers avec d'autres participants à l'échange et rend de temps à autre visite à des collègues français. Et elle veut renouveler l'expérience qui lui a « ouvert, à l'âge de quarante-huit ans, une fenêtre ».

Christine (F/51)

Christine a quarante-neuf ans au moment de sa participation au programme, de 2007 à 2008, dans le Bade-Wurtemberg. Mariée, avec trois enfants, âgés de quatorze, dix-neuf et vingt-quatre ans alors, elle a amené avec elle sa fille cadette. Originaire de Marseille, elle vit dans la région d'Aix-en-Provence. Ses grands-parents paternels sont originaires d'Ukraine et de Pologne. Ses deux grands-pères avaient été prisonniers, les récits de leur captivité en Allemagne avaient accompagné son enfance et adolescence. Elle s'est vu exposée à des reproches de la part de ses grands-parents lorsqu'elle a commencé l'allemand en 6e. Obligée par son père, à son entrée en 6e, de prendre l'allemand en première langue, elle a fini par l'aimer, et même passer une licence d'allemand et a pu enseigner l'allemand en CE2 avant son départ. Lors du séjour, elle n'a pas eu de difficultés majeures pour s'exprimer en allemand, mais estime ne pas avoir progressé non plus. Comme d'autres, son rapport à sa langue maternelle a changé, dans le sens d'une plus grande attention portée à la prononciation. Tandis que sa famille entretient des sentiments plutôt négatifs à l'égard de l'Allemagne, les siens sont mitigés. Elle se dit attirée « par le coté franc et moins hypocrite des relations entre les gens ; le respect de l'autre et du bien commun ; la communication » ; elle l'est moins par « l'obéissance à outrance et la délation ». Jeune, elle avait effectué plusieurs séjours en Allemagne à la fin des années 1970, notamment un semestre à l'Université de Tübingen, et une année comme assistante à Ravensburg. Ces séjours l'ont profondément marquée et le rêve de « revivre les expériences passées » était le mobile principal de sa participation au programme. Mais en dehors d'amis qu'elle avait déjà avant l'échange dans la région, elle n'a eu que très peu de contacts, ni dans son établissement ni à l'extérieur. Même si elle s'est vite habituée à sa nouvelle vie, l'euphorie qui a précédé le départ a vite cédé le terrain à un mal-être général, dû en grande partie à sa déception de ne plus retrouver trace de son expérience en 1979 et du contexte idéalisé, mais aussi à l'indifférence des collègues allemands à son égard. Ce mal-être a été encore accentué par le peu d'entrain de sa fille, qui ne parlait pas du tout allemand, à s'insérer dans la vie quotidienne. Pour parer au mal du pays, qu'elle dit avoir été très grand, elle rentre très souvent en France et reçoit régulièrement sa famille en Allemagne. Elle n'envisage pas de retour en Allemagne, qui n'est plus un rêve comme il l'était pendant trente ans dans son souvenir. Elle garde un seul contact avec une amie allemande. Néanmoins, le séjour lui a été bénéfique sur le plan personnel. Elle estime être plus heureuse et détendue et apprécie l'évidence tranquille de son quotidien en France. Ses méthodes pédagogiques sont devenues plus ludiques, et si son expérience ne rencontre aucun intérêt de la part des collègues, ses supérieurs en revanche s'y sont beaucoup intéressés.

Corinne (F/49)[7]

Lorsque cette directrice d'école maternelle prend, en 2002, la décision de partir enseigner en Allemagne, elle a quarante-trois ans. Elle voulait aller à Sarrebruck pour avoir la possibilité de rentrer tous les quinze jours, mais on lui proposait d'aller plus au Nord, au lieu de faire un échange transfrontalier. Finalement, c'était même plus au Nord qu'elle imaginait, et elle part à Rostock, sur les bords de la Mer baltique, dans le Land de Mecklembourg-Poméranie orientale, où elle passera deux ans. Elle est originaire du département de Seine-Maritime, est mariée et mère de trois enfants âgés alors quatorze, dix-huit et dix-neuf ans, qui restent tous les trois en France avec leur père. Son grand-père avait été communiste, interné dans un camp de travail après une dénonciation. Il avait alors été libéré par un gradé allemand qu'il avait sauvé de la noyade. L'Allemagne, son respect pour l'environnement, sa convivialité et son rythme de vie, l'attire. Mais elle est avant tout motivée par le défi personnel et la réalisation d'un rêve. Selon elle, pouvoir vivre à quarante-trois ans ce que beaucoup vivent à vingt, est une grande chance. En Allemagne, elle reçoit peu de visites de France, s'adapte rapidement et progresse vite en allemand. Ses conditions de travail sont excellentes : des élèves sympathiques, une équipe qui fonctionne bien, des collègues charmants, un supérieur « bon Samaritain ». Elle apprécie le respect du rythme des enfants à l'école. Lors de son retour en France, elle se trouve complètement changée. Avant, elle hésitait à afficher ses ambitions, mais maintenant elle sait ce qu'elle veut et se sent capable d'y arriver. Elle ressent très fortement le choc

---

7 Ce portrait de Corinne est complété par un texte écrit par elle lors de l'atelier d'écriture (cf. p. 60-61).

du retour et a du mal à supporter les contraintes de sa condition d'enseignante. Partiellement déchargée de classe, elle accède à un poste de direction et passe les épreuves du certificat d'aptitude de maître formateur (CAFIPEMEF) avec l'idée de se présenter plus tard au concours de recrutement d'inspecteur, car il y a une chose qu'elle ne veut surtout pas : c'est s'ennuyer et entrer trop dans la routine.

Heidrun (D/47)

Lorsque Heidrun, originaire du Bade-Wurtemberg, célibataire et sans enfant, évoque son séjour en Île-de-France de 2005 à 2007, elle constate en premier lieu que désormais elle se sent en mesure de relever n'importe quel défi, parce qu'elle a perdu la peur de l'inconnu. Dans son école d'origine, elle vivait un moment de crise, notamment lorsqu'on lui demandait d'enseigner le français, alors qu'elle n'avait que des compétences rudimentaires et se sentait inhibée lorsqu'elle devait s'exprimer en français. Alors âgée de quarante-trois ans, elle s'interrogeait sur son avenir et ressentait très fortement le besoin d'une coupure. Sa famille l'encouragea à poser sa candidature et elle se retrouva à Cergy-Pontoise, où elle enseigne au début dans douze écoles primaires, puis encore dans huit écoles, ce qui lui posait pas mal de difficultés car il fallait changer plusieurs fois par jour d'école, à pied et à vélo. En dépit des conditions difficiles – le contact avec les collègues restait limité, des élèves souvent peu motivés pour l'allemand, car déçus de ne pas avoir de cours d'anglais, des classes hétérogènes, peu habituées à un enseignement ouvert –, elle apprécie néanmoins sa nouvelle vie. À l'issue de cette première année, somme toute assez fatigante, elle est affectée l'année suivante à Compiègne où elle se plaît énormément, tant les élèves de CE1 sont motivés. Sa demande de prolongation est refusée, ce qui la désole d'autant plus que le travail initié avec les élèves ne sera pas poursuivi, faute de successeur dans cette école. Pourtant elle a gardé le contact avec son ancienne école et encourage les échanges avec son école à Fribourg. Cette passionnée de musique a noué des amitiés durables en dehors du contexte scolaire et retourne régulièrement en France, car elle s'y sent chez elle désormais. Habitant très proche de la frontière, elle préfère cependant la région parisienne et le sud de la France car la région transfrontalière lui parait « trop allemande ». Après quelques problèmes de réadaptation au retour, elle a réussi à intéresser des collègues et supérieurs à son expérience, au point d'initier un projet de fondation d'une école unique, en s'appuyant sur le modèle français.

Heinz (D/ 62)

Avec ses soixante-deux ans, Heinz était le senior du groupe. Il a participé à l'échange en 2004, âgé alors de cinquante-sept ans, avec une motivation bien plus personnelle que la plupart des autres participants. D'une famille allemande-autrichienne, il a passé son enfance en Autriche. Après avoir enseigné comme professeur des écoles en Allemagne, il a repris des études pour devenir professeur dans une école d'éducation spécialisée. Au moment où il a pris la décision de partir dans le cadre de l'échange, il était formateur de professeurs pour personnes handicapées. C'est par hasard qu'il apprend, après le décès de sa grand-mère, que son père avait été le fils d'un soldat français et d'une jeune Allemande qui s'étaient rencontrés pendant la première guerre mondiale. Il a alors voulu se rapprocher de sa famille retrouvée en France et mieux connaître les gens, la langue et la culture de ce pays auquel il se sent maintenant lié par son histoire personnelle. Il prend la décision de s'essayer à nouveau comme professeur dans une école du primaire, mais cette fois en France. En accord avec sa femme et ses deux enfants déjà adultes, restés en Rhénanie-Palatinat, il a décidé de se lancer seul dans cette aventure en Lorraine où il enseignait dans quatre écoles primaires. Même si le changement d'une école d'éducation spécialisée à une école primaire était un grand défi, il se sent vite intégré dans ses écoles grâce à une bonne ambiance entre collègues. Pendant son séjour, il a remarqué que la littérature germanophone d'enfance et de jeunesse était peu connue en France. Il s'est alors mis à traduire en français les livres ayant plu à ses propres enfants lorsqu'ils étaient plus jeunes. Son rêve est de trouver un éditeur pour publier ses traductions afin de transmettre un peu de cette culture littéraire spécifique dans le pays voisin.

Juliane (D/36)

Juliane a trente et un ans lorsqu'elle part en 2004 de Rhénanie-Palatinat en banlieue parisienne, d'abord à Évry et l'année suivante à Boulogne-Billancourt. Elle travaille dans dix écoles différentes et doit faire face à deux environnements scolaires socialement et culturellement totalement opposés : le premier se caractérisant par une population multiethnique et plutôt pauvre, le deuxième par des enfants issus de milieux favorisés, riches et avec très peu de mixité ethnique. La première année, à Évry, elle ressent sa vie comme un défi, qu'elle relève d'autant plus volontiers qu'il s'agit d'une expérience complètement inédite pour elle. Ensuite, mis à part quelques problèmes mineurs, elle apprécie énormément sa deuxième année où elle a trouvé un logement à Paris. Estimant ne pas être douée pour les langues, tout en étant intéressée par d'autres cultures, elle avait d'abord entrepris des études scientifiques et effectué dans le cadre d'un projet universitaire un stage de trois mois au Pakistan auprès d'enfants atteints par la lèpre. Ceci l'a amenée à mettre en pratique les connaissances rudimentaires qu'elle avait en anglais et de découvrir, à sa grande surprise, qu'elle était capable de s'exprimer dans une langue étrangère. Les cours d'anglais et de français qu'elle suivait par la suite, lui ont donné envie de vivre dans d'autres pays, si possible lointains. Aussi, lorsqu'il s'agissait de se décider pour le programme d'échange, sa première réaction fut de trouver que la France n'était pas assez éloignée. Toutefois, c'était un début, en attendant de partir avec d'autres programmes dans des pays plus exotiques. Célibataire, sans enfant, elle est originaire d'un petit village en Rhénanie-Palatinat, où la vie lui semblait étroite et étriquée. Encouragée par ses parents viticulteurs, très attachés au territoire, ainsi que par sa grand-mère, elle est la seule de la famille à avoir osé relever le défi de l'ailleurs.

En revanche, sa décision lui vaut une admiration teintée d'incompréhension et de préjugés de la part de l'entourage, en particulier des voisins et amis : comment peut-on encore partir à son âge ? Impossible d'imaginer que certains partent même avec des enfants. Et reviennent en ayant changé de perspectives ! Devant de telles attitudes, qui se doublent de sentiments plutôt ambivalents, voire négatifs à l'égard de la France, ses contacts avec les amis allemands s'espacent, les liens se relâchent au fur et à mesure qu'elle réussit son insertion en France. Pour cela, elle participe à une chorale, s'inscrit à un cours de français, prend le plus souvent possible ses repas à la cantine scolaire, reste pendant les récréations et boit le thé avec les collègues qui surveillent l'étude le soir. Même si elle regrette d'avoir dû changer de lieu à l'issue de la première année, ses initiatives lui ont néanmoins permis de trouver sa place dans le milieu d'accueil, d'y nouer des contacts dont certains se transforment en amitiés qui perdurent encore aujourd'hui.

À l'école, elle a été interpellée, voire très affectée, par des comportements autoritaires et des punitions infligées aux enfants qui lui semblaient souvent arbitraires. Mais, petit à petit, en observant des classes particulièrement difficiles, elle a fini par penser qu'une certaine autorité initiale était indispensable pour pouvoir instaurer une relation pédagogique plus sereine et amener les enfants à des comportements sociaux positifs. Le choc du retour est grand, mais l'intérêt manifeste de la part des collègues et plus largement par son entourage, l'aide dans sa réadaptation.

Laurent (F/34)

Originaire de la Moselle, Laurent part pour deux ans en Rhénanie-Palatinat à l'âge de trente-deux ans. Il est marié, n'a pas d'enfants. Sa biographie familiale est fortement marquée par les deux guerres mondiales. Ayant grandi près de la frontière franco-allemande, il se rend souvent en Sarre. Laurent aime son métier, mais il a toujours eu du mal à le faire reconnaître par son entourage qui considère qu'il s'agit d'un métier de femme. De même, sa participation à l'échange n'est pas comprise non plus : certains pensent qu'il s'agit d'un genre de promotion. Lors de son retour en France, il est devenu plus décontracté (c'est aussi ce qu'affirme sa femme). Par contre, il a de plus en plus de mal avec « la mentalité des instits français ». Il devient plus critique, regrette l'organisation et l'enseignement plus ouvert et plus libre des écoles allemandes. Il ressent très fortement le choc culturel inverse, surtout dans sa vie professionnelle. Lors d'une inspection, il doit entendre des remarques du genre : « Sortez vos mains de vos poches, vous n'êtes plus en Allemagne. » Néanmoins, il n'idéalise pas le modèle allemand : avec un peu plus de discipline, les élèves pourraient apprendre mieux et plus. Mais il réfléchit beaucoup à l'organisation de la journée et aux rythmes de l'enfant. Il reconnaît avoir retrouvé en France une situation confortable : il enseigne dans une école bilingue qui dispose de moyens assez importants (des compléments au profil de Laurent seront apportés plus loin).

Margot (D/50)

Née en 1959, Margot est originaire de Francfort (Hesse). Elle est divorcée et a participé, alors âgée de quarante-sept ans, à l'échange pendant deux ans, de 2006-2008. Elle a enseigné dans la région du Nord-Pas-de-Calais. Lorsqu'elle était jeune, ses parents se sont toujours montrés très réticents à l'idée de la laisser partir à l'étranger ou de participer à des échanges scolaires, mais l'envie de voyager et de vivre un certain temps ailleurs qu'en Allemagne ne l'a jamais quittée.

Contrairement à ses parents, elle a encouragé ses deux filles, dès leur adolescence, à participer à des échanges scolaires, même aux États-Unis. Sa cadette, après avoir fait des études en Angleterre et en France, vit aujourd'hui à Paris, avec un partenaire français.

Suivant l'exemple de ses filles, elle décide en 2005 de réaliser enfin ses propres rêves et de tenter l'expérience de l'échange. Elle raconte que cette décision a été accueillie avec tant de désappointement et tristesse par ses parents, qu'elle s'est sentie obligée de se rendre régulièrement une fois par mois à Francfort depuis Lille pendant toute la durée de l'échange. Sa mère est décédée avant son retour définitif en Allemagne.

Elle a enseigné dans trois écoles, dans des quartiers peu favorisés. Au début, sa maîtrise de la langue française était vacillante, mais grâce à la compréhension des collègues et des élèves elle a pris de l'assurance et rapidement fait des progrès. Même si la grammaire lui pose encore des problèmes, elle n'hésite pas à parler, estimant que les fautes de construction ne doivent pas être un obstacle à l'expression.

La différence des systèmes scolaires l'a déconcertée. L'école française lui semblait une « caserne », où régnaient discipline, distance hiérarchique et sévérité à l'égard des enfants, lesquels « n'ont pas le droit d'être des enfants » et à qui on dit « travaille bien » plutôt que « amuse-toi bien à l'école », comme en Allemagne. Mais malgré sa distance critique à l'égard de ce système et des méthodes pédagogiques, elle a adopté, lors de son retour, en partie une façon d'être différente et se dit plus sévère avec ses élèves. De retour en Allemagne, l'inspectrice a apprécié son expérience et l'a affectée dans une école primaire où on enseigne le français. Dans cette école, Margot a lancé des cours optionnels d'initiation à la langue française pour le grand plaisir des élèves des première et de deuxième classes. En 2010, elle gagne un prix pour une vidéo réalisée avec ses élèves de quatrième classe et avec une enseignante française de l'échange, présente, à ce moment-là, dans son école.

Marie (D/53)

Lorsque Marie, alors âgée de cinquante ans, participe à l'échange en 2003, elle concrétise un projet qu'elle avait conçu depuis son premier séjour en France en 1990. En effet, peu après la chute du mur, cette enseignante, originaire de l'ex-RDA, était partie avec le DAAD (Deutscher Akademischer Austauschdienst) pour enseigner pendant un an dans un lycée près de Paris. Sa décision s'est heurtée à l'incompréhension totale de sa famille et de ses amis, qui la considéraient comme traître, quittant le pays dans un contexte de bouleversement historique inédit. Malgré sa détermination et son enthousiasme, l'organisation de la vie quotidienne a été compliquée, car Marie disposait de très peu de moyens financiers et surtout, elle était accompagnée de ses trois enfants, dont la plus jeune n'avait que huit ans, et qui ne parlaient pas français. Comme ses enfants refusent de rester un an de plus, Marie renonce à la prolongation de son séjour et rentre en Allemagne, tout en se promettant de retourner en France dès que ses enfants auront atteint l'âge nécessaire pour se débrouiller sans elle. Enseigner dans le primaire était un nouveau défi, puisqu'elle avait jusque là travaillé dans le second degré. L'intérêt pour les langues étrangères lui vient de son père qui était entraîneur de l'équipe de natation olympique de la RDA, ce qui lui donnait la possibilité de voyager, certes, mais aussi de se rendre compte de la nécessité de parler d'autres langues. Elle attache beaucoup d'importance à des approches pédagogiques qui font appel à tous les sens pour éveiller les enfants aux langues. Ainsi, elle n'hésite pas à cuisiner en classe avec les enfants, parce qu'elle estime que la découverte des langues et des cultures passe aussi par le goût de la nourriture étrangère.

Très francophile, Marie adore s'exprimer en français et a gardé des habitudes prises en France, comme par exemple de cuisiner le soir et de prendre du temps à table. Malgré les problèmes rencontrés lors du premier séjour, ses enfants ont fini par partager la passion de leur mère pour la France. Son fils est devenu cuisinier et a une préférence pour la cuisine française, ses deux filles ont fréquenté un lycée franco-allemand.

Mathieu (F/44) et Sonia (F/42)

À quarante ans, Mathieu quitte l'Île-de-France avec sa femme Sonia, trente-huit ans, pour aller s'installer à Berlin. Ils ont pris la décision de participer ensemble à l'échange en 2005, accompagnés de leurs enfants alors âgés de quinze et dix-huit ans. C'était leur premier long séjour à l'étranger. Mathieu avait toujours voulu savoir si travailler en Allemagne procurait les mêmes satisfactions que d'y passer des vacances. Son oncle était séminariste, prisonnier en Allemagne pendant la seconde guerre mondiale et revint en France marié à une Allemande. Mathieu est motivé par la réalisation d'un rêve. Il attend avec impatience le départ en Allemagne et espère être à la hauteur de ce qu'on attendra de lui. Il ne constate que très peu de différences entre les deux cultures. Ses conditions de travail sont bonnes, ses collègues et supérieurs sont humains, professionnels et bienveillants. Il ne se trouve pas changé, alors que son entourage le trouve plus à l'aise et ouvert.

Sa femme, Sonia, part donc pour Berlin à trente-huit ans. Son grand-père était Alsacien, parti en Angleterre pendant la guerre pour fuir le service du travail obligatoire (STO). Sonia est attirée par la verdure de l'Allemagne et par sa langue. D'ailleurs, elle progresse très rapidement. Elle adore ses élèves et ses collègues. Bien sûr, elle aurait parfois préféré avoir des élèves plus obéissants, mais elle trouve trop cher le prix qu'on paie en France pour la discipline. Elle pense avoir changé profondément et profite beaucoup dans sa vie professionnelle de ce qu'elle a appris en Allemagne.

Michèle (F/46)

Michèle est originaire de Moselle. Elle a des origines italiennes ; sa famille a vécu la captivité et la déportation et reste profondément marquée par la seconde guerre mondiale avec des sentiments plutôt négatifs face à l'Allemagne. Elle est partie travailler en 2004 en Hesse, âgée alors de quarante et un ans, pour un séjour qui a été initialement prévu pour deux ans – mais elle y vit encore. Ayant rencontré son mari allemand, elle a décidé d'y rester pour des raisons pratiques (son mari parle moins bien français qu'elle allemand) mais aussi parce que la France lui est devenue « étroite », « snob » et « irrespectueuse ». En Allemagne, elle souffre beaucoup au début de son séjour de sa maîtrise insuffisante de la langue. Elle progresse très lentement, malgré les cours qu'elle prend. Elle a fortement ressenti le choc culturel et le ressent encore, même après cinq années passées en Allemagne. Elle estime avoir beaucoup changé et se sent intégrée dans leur nouvelle vie en Allemagne, alors que l'attitude de sa famille n'a que très peu évolué. Elle regrette que ses amis et sa famille ne soient pas venus lui rendre visite mais elle, ouverte aux nouvelles expériences, se fait beaucoup d'amis allemands pendant l'échange. À la fin des deux années d'échange, elle a enseigné dans une école française en Hesse et aujourd'hui elle mène une vie dans les deux pays : elle travaille dans une école en France proche de la frontière, habite pendant la semaine en Sarre et le weekend avec son mari en Hesse. Quand elle traverse la frontière pour travailler en France, elle revient avec des yeux plus critiques qu'avant l'échange.

Nadine (D/32)

Originaire de Saxe, issue d'un milieu agricole où l'on ne prenait jamais de vacances, ne serait-ce que pour deux, trois jours au bord de la Baltique, Nadine est partie en 2005 à l'âge de vingt-huit ans, accompagnée de son mari et de leurs deux enfants, une fille d'un an et un petit garçon de cinq ans. Son mari a pris une part importante dans sa décision de participer à l'échange, puisqu'il rêvait depuis longtemps de retourner en France pour apprendre la langue. Et, tandis qu'elle enseignait dans une école primaire et au collège en Île-de-France, son mari suivait des cours à la Sorbonne, souvent le soir pour pouvoir rester avec les enfants pendant qu'elle travaillait. Leur décision de partir avec deux enfants en bas âge a rencontré beaucoup d'incompréhension de la part de leur entourage. Pour eux, en revanche, il s'agissait d'offrir à leurs enfants l'opportunité de vivre dans un environnement linguistique et culturel différent et de les sensibiliser à la différence.

Et, effectivement, après l'année vécue de manière très positive en France (en dépit d'un début plutôt catastrophique – difficultés de trouver une garde pour l'enfant, un appartement), la famille est repartie pour six mois en Italie. Les enfants, très enthousiasmés rien qu'à l'idée de renouveler l'expérience de l'étranger, ont pu entrer dans une école internationale à Dresde avec la perspective de repartir le moment venu. Leur mobilité future s'inscrira ainsi dans une mobilité passée de leur mère, puisque Nadine était partie dans le cadre de la mobilité académique en Italie, au Canada et en France.

Encouragée par ces retombées positives sur son évolution personnelle et celle de ses enfants, elle a initié un séminaire à l'Université de Dresde « Partir à l'étranger avec son enfant », à l'intention de jeunes couples, hautement motivés par un séjour de mobilité académique, mais plein de doutes quant aux risques éventuels sur le plan familial. Ce séminaire a connu un tel succès qu'elle le propose désormais aussi à Berlin. Pour elle, c'est aussi un moyen de continuer à se former et à enrichir son curriculum.

Sur le plan linguistique, le séjour en France a été une réussite pour toute la famille. Grâce à une colocation en banlieue, à Saint-Denis, avec le mari d'une participante française à l'échange, la langue française était très présente dans la vie quotidienne. De sorte que les progrès étaient rapides et durables, en particulier pour l'aîné, qui non seulement continue à lire des livres français et à regarder des films en v.o., mais a gardé, comme le raconte Nadine avec émotion, le joli graphisme de l'écriture scolaire française, apprise en CE1 à Saint-Denis, où il était le seul enfant blanc de sa classe.

Quant à elle, son apprentissage s'est fait de façon buissonnière, dans la rue, mais aussi grâce aux nombreuses discussions avec son colocataire français et des syndicalistes à l'école, notamment au moment des émeutes de banlieue en 2005. Tout en reconnaissant qu'elle arrive à s'exprimer de manière tout à fait satisfaisante, elle se dit frustrée par son manque de connaissances grammaticales et lexicales, regrette de ne pouvoir lire Balzac sans recours au dictionnaire et admire la facilité de son fils qui évolue avec aisance et naturel dans les langues étrangères.

Paul (F/29)

Paul a vingt-sept ans lorsqu'il part, en 2007, en Rhénanie-Westphalie du Nord enseigner le français dans deux écoles primaires. Originaire de la Gironde, il a déjà effectué des universités d'été en Suède et à Cambridge. Même s'il est attiré par l'ouverture des Allemands, sa motivation est avant tout personnelle : il souhaite se rapprocher de son amie allemande. Dans les écoles allemandes, il a du mal à s'intégrer dans son milieu professionnel : ses collègues sont sympathiques, mais tous plus âgés, et il se sent souvent materné, surtout par les directrices des écoles. Il en profite pour observer les pratiques pédagogiques dans ses écoles, mais constate qu'il préfère avoir la responsabilité d'une classe. Il est très déçu lorsqu'au bout d'un an il demande son renouvellement en Allemagne, qui lui est refusé par l'Académie de Bordeaux. Lors de son retour en France, ses collègues ne sont pas du tout intéressés par son expérience. Il est encore plus déçu lorsque, dans un premier temps, on lui refuse l'habilitation d'enseigner l'allemand. Il l'obtiendra finalement quelque temps plus tard.

Paule (F/53)

Originaire de Paris, Paule est âgée de cinquante ans lorsqu'elle se décide de partir, en 2006, pour deux ans à Cologne. Elle concrétise ainsi un désir qui lui était cher depuis ses années de formation à l'École normale. Divorcée, elle élevait seule son fils, qui ne « voulait pas entendre parler de l'Allemagne ». Ce n'est qu'après que son fils, âgé de vingt et un ans au moment de son départ, soit devenu suffisamment indépendant qu'elle a pu retourner dans ce pays qui la faisait rêver depuis un premier séjour en 1977. Elle effectuait alors un stage pédagogique de deux mois à Fribourg-en-Brisgau et avait été émerveillée par l'esprit de créativité et les méthodes pédagogiques mises en œuvre alors dans les écoles allemandes. Son intérêt pour l'Allemagne ne semble pas trouver d'écho dans son entourage familial qui réagit avec incompréhension à sa décision de partir. Elle se heurte même à l'incompréhension totale et des préjugés : sa mère, âgée de quatre-vingts ans, lui demande de revenir, en argumentant « les petits enfants français, ils ont bien besoin de toi, qu'est-ce qu'ils en ont à faire les petits enfants allemands de toi ? Viens donc pour les petits français. Mais qu'est-ce que tu vas leur enseigner aux petits enfants allemands ? Reviens donc parmi nous ! »

Elle regrette que ni son fils, ni d'autres membres de sa famille, ne soient venus lui rendre visite en Allemagne. Ainsi, pendant son séjour en Allemagne, elle souffrait parfois d'un sentiment de culpabilité d'avoir abandonné son fils et ses parents âgés.

En Allemagne, elle aime beaucoup le côté direct et franc des Allemands et leur esprit d'équipe qui permet de résoudre un certain nombre de problèmes ; elle aime moins leur tendance à trop organiser. Il s'agit pour elle avant tout de relever un défi professionnel et elle apprécie le travail avec les élèves allemands qu'elle qualifie de spontanés, créatifs, autonomes et attachants, parfois néanmoins un peu trop gâtés par les parents et peut-être même à la limite de l'insolence. Elle regrette parfois aussi le manque d'autorité des enseignants allemands et l'interventionnisme marqué des parents. Après son retour en France, elle enseigne à Paris le français langue seconde en classe d'initiation pour élèves primo-arrivants (CLIN) ce qu'elle apprécie énormément. Son inspecteur lui a proposé de devenir personne ressource pour l'allemand et elle a l'occasion de coopérer avec des collègues qui enseignent l'allemand, même si elle-même ne l'enseigne pas. Ses collègues en France se sont montrés intéressés par son expérience et certains ont eu envie de partir à l'étranger. Au moment de l'entretien, un projet d'échange Paris-Berlin est en train de se concrétiser grâce à son initiative. Elle est heureuse de contribuer à l'ouverture internationale et au projet multilingue de cette école qui accueille un public composé à 70 % d'élèves chinois. Elle attache beaucoup d'importance à garder le contact avec les personnes connues à Cologne et à fréquenter des Allemands à Paris.

Sabine (D/41)

Sabine se trouve dans une situation particulière, puisqu'elle habite en Sarre, à quelques kilomètres de la Lorraine, où elle a accepté un poste en 2003 dans une école biculturelle. Agée de trente-cinq ans au moment de l'échange, elle est mariée, mère de deux enfants, alors âgés de dix et treize ans. Pour les élever, elle avait arrêté de travailler pendant sept ans, mais, habitée depuis toujours par l'idée d'aller un jour en France, elle avait profité de ces années de congé pour se perfectionner en français. Lorsqu'il s'était agi de reprendre le travail, elle avait pris, par hasard, connaissance du programme d'échange. Elle y avait vu une chance de faciliter sa réinsertion professionnelle en même temps qu'une opportunité qu'elle ne saisirait peut-être plus une fois installée de nouveau dans le système allemand. Après avoir passé plusieurs stages en France, y compris dans des écoles maternelles, l'idée de partir pour une année entière en France la séduisait. Tout en regrettant ne pas pouvoir partir quelque part dans le midi de la France, elle estimait que d'être « transfrontalière » était un bon compromis entre ses obligations familiales et ses aspirations professionnelles. Elle passe la journée à l'école de l'autre côté de la frontière, accompagnée de son fils cadet qui fréquente la maternelle en France, puis entre le soir à la maison en Allemagne. Elle se rend compte que la courte distance (trente kilomètres) entre sa maison et son école suffit pour qu'elle se sente très loin de chez elle, et elle remarque de grandes différences qu'elle juge culturelles. En dépit de son attirance pour la France et de ce qu'elle appelle « la légèreté des Français », elle n'aime pas leur « superficialité, les phrases creuses et les grands gestes » qui, selon elle, ne veulent rien dire. Concernant les enseignantes, elle leur trouve à toutes une voix identique lorsqu'elles parlent aux enfants. Soutenue par sa famille, elle se heurte, comme d'autres, à l'incompréhension de son entourage et regrette vivement, au retour, l'absence totale d'intérêt pour son expérience sur le plan personnel, mais surtout professionnel, mis à part son directeur, qui la soutient lorsqu'elle se propose pour donner des cours de français dans son école. En raison de sa situation particulière, ses contacts avec des Français restent limités. Grâce au séjour, elle estime avoir regagné la joie et la fierté d'être professeure d'école même si elle ne souhaite pas renouveler l'expérience.

Silvia (D/39)

Silvia s'estime très chanceuse : originaire de Rhénanie-Palatinat, elle part en 2003 à l'âge de trente-trois ans pour deux ans, estimant que sa vie en Allemagne était devenue étroite. Contrairement à sa famille, plutôt réservée à l'égard de la France, elle-même se dit, avec quelques réserves, assez francophile. Elle apprécie d'avoir eu à enseigner dans sept écoles différentes à Bordeaux. Cela lui a permis de connaître une large palette de milieux scolaires allant des ZEP à des écoles d'élite, en passant par toute une gamme intermédiaire. Logée au centre ville, elle noue rapidement contact avec les autres locataires ; un emploi du temps qui lui permet de circuler sans trop de stress entre les écoles – bref, c'est « Bordeaux-la-chance » pour elle. Sa passion pour la France et la langue française remonte à l'école primaire. Lorsqu'il s'était agi de choisir la première langue au lycée, elle avait insisté pour pouvoir fréquenter le seul lycée de Karlsruhe le français était enseigné, contre l'avis de ses parents, qui ne parlent pas le français et une mère très anglophile. Comme toutes ses amies d'école avaient choisi l'anglais, elle se retrouvait seule dans sa nouvelle classe, de surcroît relativement éloignée de son domicile.

Sans qu'elle sache d'où lui venait cette attirance, partir en vacances, en échange scolaire en France était un bonheur pour elle. Dans le cadre de ses études de professeur de collège (*Hauptschule*), avec évidemment le français comme une des trois matières principales, elle partit pour six mois comme étudiante Erasmus en France, effectuer un stage à Chamonix, et décida avant sa titularisation de poser sa candidature pour un poste à l'étranger. Le contexte politique en 2000 l'y encouragea, car le recrutement des professeurs stagnait. Elle obtint un poste aux Canaries, dans une école privée, fréquentée surtout par des élèves de milieux aisés. Même après sa titularisation et un poste dans un collège, des heures de français en primaire, le désir de l'ailleurs ne la quitte plus, elle rêve de l'Amérique latine où elle a parfois passé ses vacances. Mais un amour à Toulouse la pousse à chercher de nouveau des possibilités en France, et elle finit par obtenir son affectation à Bordeaux.

Elle entretient un rapport spontané et assez insouciant aux langues, s'exprime aisément en français et en espagnol, qu'elle dit avoir appris dans la rue, ne s'embarrasse pas trop de la grammaire, mais éprouve parfois un peu de gêne dans des réunions avec des parents d'élèves, craignant pour son image sociale devant eux en raison de ses maladresses grammaticales. Ses amis, ravis de la possibilité de passer des vacances en France, lui rendent fréquemment visite à Bordeaux. Ses collègues en revanche se contentent d'admirer son courage, ce qui l'étonne et ce qu'elle ne comprend pas. Quel risque prenait-elle en partant ? Tout était organisé, elle était titularisée, touchait sa paie. Comme Nadine, elle relativise au bout d'un certain temps son jugement sur la sévérité de certains collègues français à l'égard des enfants, et estime que la discipline des élèves, qu'elle attribue à la crainte du professeur, mais aussi à l'attitude des parents, lui a énormément facilité la tâche et qu'elle pu travailler de manière très productive avec eux.

Après des débuts hésitants dus à la réserve des collègues et de son nouveau réseau social, elle a noué des contacts durables en France, et s'est sentie intégrée. De retour, elle s'est assez rapidement réadaptée et n'a pas vraiment changé ses manières d'enseigner.

Stéphanie (F/36)

Stéphanie vient de Picardie. À l'âge de trente ans, en 2003, elle part travailler en Sarre dans une seule école primaire où elle reste pendant un an. Elle a des ancêtres polonais, est célibataire, sans enfants. Avant de participer à l'échange, elle a effectué plusieurs séjours de très courte durée en Allemagne et au Royaume-Uni. Pour elle, participer à l'échange, c'est avant tout relever un défi personnel. Elle n'avait, en fait, jamais validé sa maîtrise LEA (langues étrangères appliquées) parce qu'elle avait reculé devant le séjour à l'étranger obligatoire. En partant en Allemagne, elle veut donc se prouver quelque chose, même si ce départ l'angoisse toujours beaucoup.

Elle apprécie le côté très francophile des Allemands et leur respect de l'environnement, mais elle n'aime pas trop la nourriture allemande. Malgré son niveau convenable en allemand, elle a beaucoup de mal avec la langue, mais progresse très rapidement. Elle maintient les contacts avec sa famille en France, moins avec ses amis. Même si elle se sent pas trop à l'aise avec les collègues pour communiquer et regrette le manque de présence du supérieur hiérarchique, elle est portée par l'enthousiasme et le dynamisme des élèves allemands. La présence de la religion et le chaos pendant les interclasses lui posent problème, mais elle considère être devenue plus professionnelle et surtout avoir énormément évolué au plan personnel. Pour elle, ce séjour est un succès. À son retour, le manque d'intérêt des collègues français pour son expérience renforce le choc culturel du retour. Par contre, ses amis la trouvent changée, libérée.

Thomas (D/43)

Thomas est parti en 1999, à l'âge de trente-cinq ans, pour une durée de trois ans. Originaire de la Sarre, il y est resté toute sa vie avant de se décider d'aller travailler et vivre pour une durée déterminée en France. Dans la petite ville où il résidait, sa vie ressemblait « à un long fleuve tranquille », faite d'habitudes et d'un ordre sûr. L'idée de partir ne l'avait même pas effleuré. Mais l'achèvement de sa maison représentait pour lui un moment propice pour envisager un changement. Il part, accompagné de sa femme et de son premier enfant, alors âgé d'un an, à Montpellier et puis à Bordeaux. Un deuxième enfant naît pendant son séjour en France. Son amour des paysages et du climat de France est sa motivation première de mieux connaître le pays où il passait souvent ses vacances, et d'y trouver de nouveaux amis. Grâce à sa passion du volley, il se voit vite intégré dans son nouvel environnement. Il se sentait bien dans ses écoles en France, aimait travailler avec les élèves qu'il trouvait sympathiques. Pourtant il avait l'impression d'être une sorte de visiteur à l'école, car le contact avec ses collègues et supérieurs hiérarchiques était moins profond qu'il ne l'aurait souhaité. Après son retour il a changé sa conception de l'enseignement et pouvait appliquer les connaissances acquises dans son école d'origine en Allemagne. Sa femme qui, surtout au début, restait souvent seule avec le premier enfant, avait bien plus de difficultés à s'intégrer, d'autant qu'elle ne parlait pas la langue. Mais à la fin des deux années à Bordeaux elle regrettait également de devoir rentrer en Allemagne. Malgré son appréciation positive de l'expérience, il préfère son école allemande, la franchise de ses collègues et ne peut pas concevoir de s'installer définitivement en France. Il garde un contact très étroit avec ses amis français et passe au moins deux mois par an en France pour y mener sa vie de Français qui fait maintenant partie de sa vie d'Allemand. A son retour, il s'est encore plus engagé dans les échanges franco-allemands en instaurant des échanges scolaires entre son école en Sarre et une école dans les Vosges.

Yoann (F/26)

Âgé de vingt-six ans, originaire de Lorraine, célibataire, sans enfant, Yoann était le participant le plus jeune. Il est resté pendant deux ans au Brandebourg où il a enseigné dans deux écoles primaires, mais aussi dans une école qui applique la pédagogie de Maria Montessori. Il a vingt-quatre ans au moment du départ. C'est son premier séjour à l'étranger. Un de ses grand-pères avait été blessé pendant la guerre, l'autre fait prisonnier. Yoann est très motivé par l'histoire commune de ces deux pays, par l'apprentissage de la langue et par la possibilité d'acquérir une nouvelle expérience professionnelle. Il attend son départ avec impatience et espère bientôt parler allemand comme une deuxième langue maternelle. En Allemagne, il s'intègre rapidement grâce au sport (il pratique le ping-pong), ne ressent pas de choc culturel et progresse rapidement en allemand, même s'il n'aime pas trop parler allemand devant les élèves. Il s'intéresse à la cuisine allemande, mais la rapidité des repas lui posait des problèmes, car à l'école les pauses étaient trop courtes pour à la fois manger et discuter. Le langage familier était une de ses passions et il était important pour lui de connaître tous les détails de cette variété linguistique afin de se sentir vraiment intégré. Pendant la rencontre, son approche très ludique et joyeuse de la langue suscite fréquemment les rires des autres participants.

À l'école, il s'intégrait vite et n'avait pas de difficultés avec les élèves qu'il trouvait assez semblables aux élèves français, un peu plus autonomes et créatifs, mais trop bruyants, surtout dans les couloirs. Yoann rencontre pendant son séjour une jeune éducatrice qui aurait aimé le suivre en France. Mais c'est compliqué et la relation ne survécut pas à la distance.

Portraits et autoportraits d'enseignants

Le portrait de Marie
à travers la correspondance (fictive) avec sa petite-fille

Augsbourg, le 21 janvier 2011

Chère mamie,

Dans cinq mois, c'est mon anniversaire comme tu le sais. Je fais déjà la liste des invités. Papa pense que c'est trop tôt, mais je veux être sûre que tout le monde viendra. Tu figures aussi sur la liste. Est-ce que tu pourras venir cette fois ? Allez, s'il te plaît ! Ta dernière lettre était drôle. Au fait, où es-tu exactement en ce moment ?

Bisous de ton Amélie

Jura, le 4 février 2011

Chère Amélie,

Merci beaucoup pour ta lettre. Ton invitation à ta fête d'anniversaire m'a fait très plaisir. J'en connais la date bien sûr. Je ne peux pas encore dire si je pourrai me libérer, cela dépend de ma directrice. Et je suis en France, voyons ! Le Jura est une région particulièrement belle. Ton papa ne t'a pas raconté ? J'habite une très vieille maison qui était jadis un cloître. Si on regarde bien, on reconnaît les contours des cellules des religieuses. Elles étaient vraiment minuscules. Parfois, le soir dans mon lit, j'imagine qu'elles étaient allongées et chuchotaient entre elles, cela me donne un peu la chair de poule. Mais le matin, le soleil apparaît de nouveau à la fenêtre et je me réjouis de voir les jolies fleurs que j'ai plantées. Le mercredi est la plus belle journée. Imagine, en plein milieu de la semaine, un jour sans école. C'est grandiose. Je fais comme si c'était dimanche et je déguste au soleil les croissants les plus délicieux. Le soir, je dîne avec ma voisine dans la cour.

Aujourd'hui, j'ai fait quelque chose de super avec ma classe. Nous avons préparé une salade de pommes de terre à la façon allemande. Ils étaient étonnés. Quand j'entre dans la salle de classe l'après-midi, ils sont déjà tous fatigués par la journée. Alors j'ai pensé, tiens, pourquoi ne pas essayer quelque chose de nouveau ? Je distribue trente couteaux – tous pointus, tu les connais, ce sont ceux de ton père – ma collègue a failli s'évanouir quand elle les a vus : des couteaux à l'école ! Mais tout le monde a gentiment épluché et coupé les pommes de terre, nous avons ajouté les autres ingrédients et assaisonné le tout. À cette occasion, j'ai appris le joli terme de « rondelles » qui correspond à la forme de pommes de terre coupées. Et la classe a décidé que l'on cuisinerait désormais une fois par mois. As-tu une idée d'un plat simple que je pourrais essayer avec mes élèves ?

Comment ça va, à l'école ? As-tu commencé l'anglais ? Et do you like it ?

Big kiss. Grandma (mamie bien sûr…)

Augsbourg, le 12 février 2011

Bonjour mamie,

Aujourd'hui, ce n'était pas une bonne journée. Tout s'est mal passé et je me suis disputée avec Emma. Elle est vraiment bête. Elle sait toujours tout mieux que les autres alors que ce n'est même pas vrai. Et maintenant, elle ne me parle plus. Et je ne « like » pas l'anglais non plus. C'est complètement nul. J'arrête, ça ne sert à rien de toutes façons. Je ne pige pas et je n'ai aucune envie qu'on me fasse sans arrêt des remarques.

Voilà, c'est tout pour aujourd'hui.

Ton Amélie de mauvaise humeur.

Jura, le 18 février 2011

Ma chère Amélie,

Ça a l'air vraiment fâcheux ce que tu écris là. Est-ce que tu t'es réconciliée avec Emma ? Les lettres mettent toujours un peu de temps et dans l'intervalle, vous vous êtes sûrement reparlé. Et en ce qui concerne l'anglais : qu'est ce que c'est que ces balivernes que tu ne comprends pas cette matière ? Tu es ma petite-fille, alors tu es bien capable de comprendre quelques mots dans une langue étrangère. Bien sûr que tu vas continuer. Il n'y a rien de mieux que de s'entretenir avec quelqu'un qui ne parle pas ta langue. J'ai même étudié l'anglais ! Bon d'accord, j'étais obligée car nous étions une famille nombreuse et mon père, ton arrière grand-père, avait dit : « Tu restes à Rostock, on n'a pas d'argent pour un appartement ailleurs. Alors tu dois étudier les matières qu'il y a ici. » Et c'était l'anglais, mais aussi le russe. À l'époque, la RDA existait encore et on ne pouvait pas apprendre le français dans toutes les universités. J'aurais aimé faire des études de français. Je l'avais appris à l'école avec une très vieille enseignante. Et un jour, elle est entrée dans la classe et nous a dit que nous allions recevoir la visite d'une vraie Mademoiselle de France. Nous étions toutes là et très curieuses. Mais notre enseignante a dit : « Vous êtes trente filles dans la classe, Mademoiselle ne peut pas donner un cours à autant d'élèves. Seules les meilleures auront droit à ses cours. » Et je voulais vraiment y aller. Alors je me suis assise et j'ai bûché car je voulais vraiment rencontrer la Française. Et j'ai réussi. Nous n'étions que six. Ce n'était pas vraiment un cours comme les autres à l'école. On buvait du thé, on mangeait ensemble et on discutait de sujets de filles. Comme toi et Emma. C'était super. Avec elle, j'avais toujours l'impression que la France est tout ce qu'il y a de plus beau. Comme l'amour.

En fait, elle a dit exactement ce que mon père avait toujours essayé de nous transmettre : qu'il est très important de pouvoir discuter, de pouvoir se parler même quand on n'est pas de même langue maternelle. Car, quand on arrive à se comprendre, on n'a pas l'idée de se taper dessus. Mon père n'a pas vraiment eu la possibilité d'aller à l'école, il ne savait pas vraiment écrire et il a toujours été corrigé. Et quand il est parti à l'étranger pour travailler, c'était encore pire parce qu'il ne pouvait pas se faire comprendre. Alors, il nous a appris, à nous ses enfants, que le plus important était de pouvoir s'exprimer, y compris dans d'autres langues. C'est amusant quand tu commences à collectionner de « jolis » mots que tu apprécies particulièrement ou que tu trouves drôles, ou qui décrivent une chose peut-être plus précisément que ce que tu connais de ta langue maternelle. Et là, tu commences à comprendre la langue mieux qu'à la parler. Cela veut dire que ton cœur en sait plus que ta tête. C'est peut-être un peu difficile à comprendre ? On apprend une langue surtout quand on est dans le pays où on la parle. Je trouve que tu devrais participer à cet échange en Angleterre dont ton père m'a parlé. Tu verras, quand tu seras là-bas, tu n'auras pas de difficultés à parler. Parce que tu y seras obligée et les mots te viendront tout seuls. Et si ce n'est pas le cas, tu auras d'autres idées ou tu raconteras avec les mains ce que tu veux. De mon expérience, les gens ont toujours apprécié mes efforts pour me faire comprendre et à partir de là, ils sont très serviables et t'expliquent tout. Fais un essai ! Et parle avec Emma. Sinon, c'est n'importe quoi.

Écris-moi la suite.

Gros bisous, mamie

Augsbourg, le 27 février 2011

Ma chère mamie,

Pourquoi est-ce que tu peux toujours tout expliquer mieux que Papa ? Il est occupé toute la journée avec la cuisine au restaurant, il essaie de nouveaux plats « pour femmes ». Aucune idée de ce que c'est censé être. C'est pénible. Il faut toujours que je goûte… Pourquoi est-ce qu'il aime autant cuisiner ? Je ne comprends pas.

Et pourquoi est-ce que je dois apprendre l'anglais si vous êtes tous tellement « branchés français » ? Je retourne aux cours, mais je ne sais pas encore pour l'échange. Je préférerais venir te voir. On pourrait partager un lit et on se raconterait des histoires d'épouvante. Emma m'en a raconté de bonnes, siiiiii effrayantes. Peut-être qu'on devra laisser la lumière allumée.

À bientôt. Amélie

P.S. Je reparle avec Emma !

P.P.S. Ai changé la liste des invités pour mon anniversaire. Mais tu es toujours dessus. Tu viens ?

Jura, le 13 mars 2011

Ma chère Amélie,

C'est bien que l'invitation tienne toujours. Malheureusement, la directrice ne m'a pas encore dit si je serais exemptée. Il se peut que je doive travailler car c'est en pleine période d'examens. Dans ce cas là, on fêtera pendant les vacances, OK ?

Bisous de mamie

Augsbourg, bien plus tard

Non, mamie, ce n'est pas OK, je veux que tu viennes à mon anniversaire. Sinon, je ne le fête pas. Tu veux que MOI, j'écrive à la directrice ou quoi ?

Amelie

Jura, le 3 avril 2011

Chère Amélie,

Tu ne peux tout de même pas faire dépendre ta fête de ta « vieille » mamie ! Bien sûr que tu vas faire ta fête ! Je vais reparler à ma directrice. Pourquoi ton père aime bien cuisiner ? Cela m'a aussi surprise, mais c'est ce qu'il a rapporté de notre première année en France. À l'époque, il était assez jeune, il avait seize ans et ses sœurs, tes tantes, quatorze et huit ans. Je suis partie en France, car je voulais travailler là-bas. Je m'étais mis cette idée dans la tête. Ils n'étaient pas enthousiastes, ils n'avaient aucune envie de laisser leurs amis et en plus, ils ne parlaient pas très bien le français. Mais tu l'as déjà constaté chez moi, quand j'entreprends quelque chose, je le fais. C'était en 1990. On a chacun fait une valise avec des affaires d'été et d'hiver, une couverture de lit et une paire de chaussures par personne. Peu de livres et de jouets, enfin tout ce qui pouvait rentrer dans la voiture. Et nous sommes partis. Nous avons traversé l'Allemagne et Paris – j'étais en nage ! Nous devions habiter dans la banlieue parisienne, à Ivry-sur-Seine, mais ma collègue française qui voulait reprendre mon appartement en Allemagne pour l'année d'échange avait vendu le sien parce qu'elle se disait « Oh, c'est bon, elle va y arriver ». On avait l'air bien. Pas d'appartement, pas de cuisinière, pas de meubles, rien. Avec le reste de mon argent, j'avais acheté des matelas pour nous, mais sans appartement, ils ne servent évidemment pas à grand-chose. Après avoir campé pendant deux jours dans la cour de l'école, je suis allée voir le maire et il nous a aidés à trouver un logement. Il était vide, mais nous avions au moins un toit sur la tête. Sa secrétaire nous a donné sa vieille cuisinière, je l'ai transportée avec l'aide de son mari jusqu'au cinquième étage. Et mes collègues nous ont offert peu à peu quelques vieux meubles. Notre appartement avait une drôle d'allure – très hétéroclite. Je ne sais pas si ton père t'a raconté qu'avec ses deux sœurs, ils avaient chaque matin un très long trajet jusqu'à l'école ? Ils devaient prendre le métro et ensuite le bus, en tout presque deux heures matin et soir. Aucune idée de ce qu'ils ont fait pendant les trajets, peut-être en sais-tu davantage à ce sujet ? Ton père ne parle pas beaucoup, c'était déjà le cas à l'époque, alors je ne peux pas te dire si la France lui a plu. Et en plus, ta tante Lucy a été agressée au couteau sur le terrain de jeux – ça a été très grave pour nous tous. En tout cas, à la fin de l'année scolaire, les enfants voulaient rentrer en Allemagne. Et nous sommes donc repartis bien que ça m'en ait coûté. Je me sentais très bien là-bas. Comme aujourd'hui, c'est le pays dont je peux dire, ici, je suis chez moi. Et même si je suis tombée très malade cette première année, vraiment très malade avec une opération et un traitement par irradiation, j'ai toujours eu le sentiment que c'est seulement là-bas que j'ai pu être sauvée. Cette France qui est ma patrie de cœur, m'a protégée et m'a donné la force de surmonter cette terrible période. Je m'y suis sentie entre de bonnes mains.

Mais nous sommes partis et ton père a décidé de ne pas étudier en Allemagne. Il a dit que nous avions toujours si bien mangé en France qu'il voulait devenir cuisinier. Et il a raconté sa première journée de formation où le chef cuisinier a dit « on va préparer des pommes de château », et personne ne savait ce que c'était, seul ton père n'a pas eu besoin de regarder dans le dictionnaire et a pu commencer tout de suite parce qu'il parlait le français. À partir de là, il a eu une position privilégiée et il s'est rendu compte que c'était bien d'avoir vécu en France et découvert de nouvelles choses. Il sait ce que cela signifie d'être étranger dans un pays et d'être tributaire de l'aide des autres. Je trouve que de cette manière, il a appris plein de choses. C'est probablement la raison pour laquelle il cuisine si volontiers parce qu'il peut toujours s'en rappeler. Ou peut-être pas. C'est peut-être exprimé de manière trop pathétique.

Salut, à bientôt. Mamie

Augsbourg, le 26 avril 2011

Chère mamie,

Ce truc que tu as écrit au sujet de la patrie de cœur, c'est difficile ! J'ai essayé d'en parler avec Emma, mais on n'a pas pu vraiment se dire où notre cœur se sent chez lui. Probablement plutôt à la maison chez nos parents, mais on pourrait dire aussi qu'on n'a jamais été ailleurs. On n'a pas encore eu le droit de partir et de découvrir seules un autre pays. Peut-être que je vais aller en Angleterre finalement ? J'en ai envie, je crois. Emma réfléchit aussi. Comme ça, je ne serais pas toute seule, je trouve ça bien.

Tu n'as pas du tout eu peur ? Bisous. Pâques, c'était super ! Amélie
P.S. Que dit la directrice ?

Jura, le 4 mai 2011

Ma chère Amélie,

Tu demandes si j'ai eu peur. C'est intéressant, je n'y ai pas vraiment réfléchi. Tout ce que je savais, c'était que je voulais réaliser mon souhait de vivre en France. Et comme ton père et ses sœurs étaient encore petits, je n'avais pas le temps d'avoir peur pour moi, je devais m'occuper des enfants car je me sentais responsable en tant que mère. Il s'était agi de ma décision. A posteriori, je peux dire que j'ai dû sentir intuitivement que je me sentirais chez moi là-bas. C'est pour cette raison que cela m'a attiré sans hésitation. Soudain, je pouvais respirer et oublier la pesanteur que je ressentais parfois en Allemagne. Un grand poète qui a dû ressentir quelque chose de similaire l'a exprimé de manière particulièrement belle :

« Je suis là sur le pont, de nouveau au cœur de Paris, dans notre patrie à tous. L'eau s'écoule, te voilà et je jette mon cœur dans le fleuve et je m'immerge en toi et je t'aime. »[8]

Il a aussi écrit des lettres. Et je trouve qu'il dit exactement ce que je ressens souvent. J'adore l'eau. Et même si à Paris, il ne décrit que le fleuve, je viens de la région côtière de la mer Baltique et c'est au moins une vraie mer. Et elle m'a toujours rendu heureuse, déjà enfant. Je ne me suis jamais sentie enfermée, même si officiellement on n'avait pas le droit de quitter la RDA, mais je pouvais regarder la mer et là il n'y avait plus de frontières. Seulement l'horizon. Et le ciel est si vaste et j'ai l'impression qu'il me pousse des ailes et je trouve la force de continuer.

Et de la même façon qu'enfant, j'ai plongé dans la mer et je me suis laissée baigner par ses flots, plus tard j'ai toujours plongé à nouveau dans des mondes inconnus. Aucune vague ne se ressemble et les situations dans lesquelles je me suis retrouvée étaient toujours nouvelles ; elles m'ont renversée, mais je n'ai jamais perdu pied. J'ai toujours eu la certitude qu'une force profonde me recueillait.

Ma petite Amélie, je suis contente que tu existes ! Mamie

---

8 Il est fait référence ici au texte de Kurt Tucholsky « Dank an Frankreich » (Merci à la France), publié en 1927 dans le *Pyrenäenbuch* : « [...] da stehe ich auf der Brücke und bin wieder mitten in Paris, in unser aller Heimat. Da fließt das Wasser, da liegst du, und ich werfe mein Herz in den Fluß und tauche in dich ein und liebe dich ».

Augsbourg, le 15 mai 2011

Chère mamie,

Encore une semaine – tu viens ?

Amelie

Jura, le 19 mai 2011

Chère Amélie,

Ouiiiiiiii!!!!! Je viens à ta fête. Hourra !

Mamie

Autoportrait de Corinne

Chère Moi,

On rêvait pour toi d'une vie de célibataire,

T'as eu ton bac et t'as dit oui devant le maire.

T'as voulu être prof d'allemand,

T'es devenue instit tout simplement.

Quand dans ta tête tu n'avais que vingt ans,

Dans ta vie quarante, un mari et trois enfants.

Moi, je te le dis,

Au tournant de ta vie

Il y avait un chemin.

Moi, je te le dis,

T'as bien fait d'aller plus loin.

Tu voulais aller à Sarrebruck,

T'es allée à Rostock.

On misait sur trois mois,

T'as tenu deux ans.

T'es partie dépendante,

T'es revenue autonome,

Avec un mari et tes trois mômes.

Moi, je te le dis,

Au tournant de ta vie

Il y a un chemin.

Moi, je te le dis,

Tu peux aller plus loin.

Quand il a fallu revenir deux ans après,

De repartir d'envie tu mourais.

Toi, tu avais grandi,

Quand ceux qui n'ont rien compris,

Institutrice, t'es devenue formatrice,

En allemand, avec ton mari et trois adolescents.

Moi, je te le dis,

En plein dans ta vie

Il y a ce chemin.

Moi, je te le dis,

Tu iras plus loin.

Et puis la Baltique t'a manqué,

Alors de la Manche tu t'es rapprochée.

Rostock tu veux bien y aller,

Juste pour quelques instants d'amitié.

Professionnelle tu as grandi,

Personnelle tu as compris.

Toi, tu me le dis,

Il n'est pas fini,

Il est en moi le chemin de ma vie,

Avec mon mari et les trois adultes a présent.

Alors moi, si j'étais un rêve,

Je serais une réalité.

Toi, si tu étais un vœu,

Tu serais exaucée, comblée,

Avec un mari et trois enfants.

Chapitre 2
La mobilite enseignante dans le cadre général des recherches sur les mobilités

Une vision cinématographique des facettes multiformes de la mobilité

Notre étude du déplacement spatio-temporel des enseignants français et allemands du premier degré et de ses effets sur la trajectoire ultérieure est une partie des recherches sur la mobilité des étudiants et des élèves.

Considérées comme une des qualités nécessaires pour vivre dans les mondes contemporains, les mobilités multiformes sont censées conduire à des apprentissages qui mettent l'individu en mesure d'interagir de façon adéquate dans des situations culturellement hétérogènes. Parmi les multiples formes de mobilité, les mobilités éducatives font l'objet d'une attention toute particulière. Longtemps envisagées sous le seul angle du « séjour linguistique » dont la finalité principale serait l'apprentissage ou le perfectionnement linguistique, elles retiennent en effet depuis plus d'une vingtaine d'années, et plus particulièrement depuis la création du programme Erasmus en 1987, l'intérêt de nombreux chercheurs en sciences humaines. La multiplicité des configurations, la complexité des mobilités individuelles, collectives, la diversité des contextes obligent les chercheurs à « adopter une vision cinématographique de phénomènes de déplacement contre une vision statique et unique» (Gohard-Radenkovic, 2009 : 6).

Grâce à ces recherches, nous commençons à mieux connaître les problèmes rencontrés lors des séjours, les apprentissages disciplinaires, linguistiques, socio-culturels ou encore personnels. Les recherches ont mis en évidence que les expériences se déclinent sur un registre polysémique et que la bonne volonté et les bonnes intentions ne suffisent pas pour garantir l'efficacité, intellectuelle et humaine, de l'expérience de la mobilité. Elles invitent en particulier à revisiter certaines des représentations largement utopistes qui sont couramment associées à la mobilité pour interroger de façon critique les discours généralement sous-tendus par la doxa et qui ne correspondent que très peu aux expériences réellement vécues par les mobiles.

Les espaces symboliques complexes de la mobilité

Le terme « mobilité » renvoie à des déplacements spatio-temporels de configurations très diverses, tant en ce qui concerne l'espace, la durée[1] ou encore les raisons. Comme l'a montré Murphy-Lejeune (2003) dans son étude consacrée aux mobilités des étudiants Erasmus, les temporalités spécifiques de ces mobilités situent leurs acteurs quelque part entre le statut du touriste et celui du migrant. En effet, bien qu'il y ait des exceptions, les discours des acteurs eux-mêmes sur l'expérience de mobilité sont souvent mitigés. On y retrouve à la fois les résonances du discours du touriste – enthousiasme, étonnement, émerveillement, parfois de la condescendance – et de celui de l'immigré vivant en marge de la société d'accueil avec des scénarios de héroïsation et des scénarios de victimisation. Montrant que le concept de l'étranger proposé par Simmel et par l'École de Chicago demande à être redéfini à la lumière de ces mobilités polyformes, Murphy-Lejeune les qualifie de « nouveaux étrangers ». L'expérience de la mobilité peut se révéler catalysatrice d'une prise de conscience de l'instabilité et la perméabilité des frontières entre identité et altérité. Par conséquent, la question de l'identité – ou des identités –, allant de pair avec des interrogations sur l'altérite – ou les altérités – sont au cœur de toute réflexion sur la mobilité. Mais tandis que la complexité et les instabilités identitaires dans le contexte de la migration et de l'exil, volontaires ou forcés, pour des raisons politiques, économiques, professionnelles font depuis longtemps objet de recherches dans des disciplines telles que la sociologie, l'anthropologie, l'ethnopsychiatrie, les effets du passage des frontières sur les constructions identitaires dans le cadre de ces phénomènes mobilitaires de court ou de moyen terme commencent seulement à retenir l'intérêt des chercheurs (cf. notamment Dervin, 2008a).

---

1 Nous considérons dans ce travail le déplacement spatio-temporel de « séjour de moyenne durée » dans la mesure où le mobile est obligé de se créer un nouveau cadre de vie, ce qui distingue ce séjour d'autres formes de mobilité, comme par exemple un voyage touristique, la mobilité étudiante, l'assistanat ne dépassant pas en général dix mois ou encore des séjours considérés de longue durée, comme la plupart des expatriés ou parfois aussi des lecteurs.

Dès lors, on s'intéresse dans une perspective beaucoup plus holistique à cette nouvelle figure de l'étranger qu'est l'acteur mobile et à l'ensemble des apprentissages, des reconfigurations identitaires et langagières ainsi qu'aux stratégies développées par lui dans la relation à l'altérité lors d'un séjour d'études à l'étranger (cf entre autres : Papatsiba, 2003 ; Byram & Feng, 2006 ; Thamin, 2007 ; Dervin & Byram, 2008 ; Ehrenreich & Perrefort, 2008) ou scolaire (Brougère, Colin, Perrefort et al.. 2007 ; Gisevius 2008 ; Vatter, 2011). Se situant dans un espace interdisciplinaire, ces études, majoritairement de nature qualitative, construisent leurs approches conceptuelles et méthodologiques en référant à la sociologie, notamment la sociologie des mobilités, à la psychologie sociale, à l'anthropologie (Augé, 2009), la pragmatique ou encore à la sociolinguistique et l'ethnométhodologie.

Des travaux dans le champ de la didactique des langues étrangères s'intéressent à la question de savoir en quelle mesure et selon quelles modalités une expérience de mobilité scolaire ou académique influence la formation professionnelle et la trajectoire en aval de l'étudiant mobile (Alred & Byram, 2002 ; Lévy & Zarate, 2003 ; Ehrenreich, 2004 ; Anquetil, 2006 ; Vasseur, 2008). En utilisant des méthodes propices à solliciter une rétrospection réflexive (récits de vie, journaux d'apprentissage, entretiens) les chercheurs cherchent à savoir comment on peut rendre conscients les acteurs de leurs nouveaux capitaux, linguistique, social et culturel (Gohard-Radenkovic, 2009). Considérant l'hétérogénéité culturelle croissante – qu'il s'agisse de milieux dans lesquels les individus sont amenés à cohabiter, travailler, communiquer ou de déplacements réels ou virtuels, forcés, volontaires, de longue ou de courte durée –, les chercheurs posent la question de la transférabilité du capital de mobilité (compétences linguistiques, sociales et interculturelles) à d'autres contextes, ou encore de l'intégration de l'expérience du déplacement dans la formation de futurs médiateurs entre les langues et les cultures.

Redéfinitions identitaires

Pour décrire, expliquer et interpréter les processus mouvants qui se produisent dans une expérience de mobilité, on ne peut s'enfermer dans un cadre théorique sollicitant une approche de type hypothético-déductif ou prédictif. Par conséquent, le cadre épistémologique est fondé sur l'interdisciplinarité : à l'approche ethnométhodologique et discursive, on doit associer les paradigmes sociologiques postmodernes qui proposent que l'identité n'est ni unique, ni acquise, mais qu'elle est instable, modulable et liquide. Le concept d'identité est sans doute l'un des concepts les plus étudiés en sciences humaines et sociales. « Devenue incertaine » (Kaufmann 2004 : 58), la complexité de plus en plus attestée de l'être humain rend le concept d'identité polysémique. Critiquant les conceptions fantasmées de l'unicité – d'un individu indivisible et stable – Maffesoli (2004) suggère de parler d'identification plutôt que d'identité pour rendre compte du côté malléable du concept, de la pluralité et diversité interne et externe de l'individu et de sa fragmentation. On est donc passé d'une compréhension du concept d'identité comme projet interne de l'individu à des approches qui l'envisagent comme construction sociale et collective et comme exercice complexe d'altérisation du soi et des autres : « On comprendra que les formations identitaires sont rien moins que naturelles et qu'elles s'érigent en réponses aux exigences situationnelles et relationnelles auxquelles les acteurs sociaux ont à faire face. Les matériaux convoqués à cet effet varient, et leurs modes d'emploi varient aussi, ce qui fait de l'identité une production infiniment variable, bien qu'elle serve uniformément les mêmes finalités : le positionnement de l'acteur sur la scène sociale, la construction et/ou la défense de ses limites dans la confrontation à l'altérité, la construction de l'unité à l'intérieur de ces limites, l'attribution et le partage du sens et des valeurs en deçà et au-delà des limites. » (Vinsonneau, 2002 : 7)

C'est surtout par la confrontation avec l'altérité, y compris les altérités internes de soi, que l'individu construit son identification (Abdallah-Pretceille, 2003). Le moi n'existe donc pas seul, « il n'est qu'une reconstruction a posteriori des acteurs pour faire plaisir à la demande de ses interlocuteurs » (Singly, 2003 : 44) et c'est « en communiquant [qu']on se "fabrique" les uns les autres » (Camilleri, 1999 : 161).

C'est aussi la conception de l'ethnométhodologie selon laquelle l'activité langagière oriente de manière processuelle, *in situ*, la catégorisation identitaire des locuteurs. Le fait de savoir que tel locuteur est non natif ou natif, Français ou Allemand, est donc secondaire. Il importe de savoir s'il se catégorise en tant que tel. Ainsi, l'identité personnelle serait construite, discursive et performative et une description émotionnellement chargée de nous-mêmes. Aussi Maffesoli (1993 : 16) propose-t-il de remplacer le terme d'« individu » par celui de personne, en rappelant l'origine latine du mot, *persona* (« masque » : « Le terme d'individu ne semble plus de mise. En tout cas dans son sens strict. Peut-être faudrait-il parler, pour la postmodernité d'une personne (*persona*) jouant des rôles divers au sein des tribus auxquelles elle adhère. L'identité se fragilise. Les identifications multiples, par contre, se multiplient. »

Comme le précise Dervin (2008a : 40), « On comprend alors que les mondes contemporains soient un peu comme des "mascarades" où chacun aurait la possibilité de porter le masque – l'identité – qu'il désire ou non à différents moments. » Dans ce sens, le déplacement spatio-temporel serait une façon d'aborder ce pluralisme structurel. Au lieu de considérer l'identité comme une essence, les approches postmodernes l'envisagent sur la base du paradigme de l'*identité liquide* proposé par Bauman (2007, 2010). Cette hypothèse réfute l'approche unicitaire de l'individu et le paradigme culturaliste de certaines conceptions de l'interculturel pour se concentrer sur les identités en tant que créations qui se matérialisent dans le discours. Ceci a des conséquences sur l'être humain car la liquidité et les appartenances multiples mènent fréquemment à l'étrangeté à soi-même (Kristeva, 1988) qui affirme que chacun est potentiellement un étranger à lui-même et aux autres, même à son/ses propre(s) groupe(s). Pour rendre compte de la densité polymorphe des processus enclenchés par la mobilité, nous nous appuierons par conséquent sur des conceptions qui envisagent les mobilités bien au-delà du seul déplacement géographique pour considérer plutôt les « liquidités identitaires », les « métamorphoses » (Dervin, 2008a) ou encore le « décentrage » (Maffesoli, 2007) et la « déterritorialisation » (Urry, 2005) qui marquent les vécus des mobiles.

Interactions, acteurs et co-acteurs

De nombreux travaux insistent sur le rôle crucial des interactions entre mobiles et groupe d'accueil dans les manières de gérer la confrontation avec un quotidien étranger ou comportant des éléments d'étrangeté ainsi que dans l'évaluation d'un séjour à l'étranger. En accord avec ce postulat constructiviste nous focaliserons notre attention aussi bien sur le « non natif » que sur le « natif », termes auxquels nous préférons cependant ceux d'acteurs et surtout de co-acteurs, proposés par Gohard-Radenkovic, (2009 : 7) : « L'acteur mobile n'est pas le seul à jouer un rôle majeur dans le processus de mobilité, dans le processus de sa mobilité. Les acteurs de la mobilité sont aussi tous ceux qui sont sollicités, d'une manière ou d'une autre, par les individus ou groupes en situation de mobilités[...]. Ce sont *les co-acteurs de ces mobilités.* »

En ce qui concerne notre population particulière, nous interrogerons, par conséquent l'influence des co-acteurs du milieu d'accueil – élèves, parents d'élèves, collègues, supérieurs, réseaux de sociabilité. Mais ce seront davantage les co-acteurs du milieu d'origine, à savoir la famille du mobile, son réseau d'amis et de proches ainsi que l'institution qu'il décide de délaisser pour un temps donné qui retiendront notre attention.

Un autre aspect souvent sous-estimé et encore relativement peu étudié lorsqu'il s'agit de l'impact à long terme d'une expérience de mobilité est le retour. À bien des égards, les bouleversements identitaires ressentis lors de l'arrivée dans le pays d'accueil peuvent être mis en perspective avec ceux qui accompagnent le retour, car celui qui rentre n'est plus tout à fait le même, ni pour lui, ni pour les autres. Il doit déployer des efforts de réadaptation et risque de s'exposer à des manifestations d'incompréhension, d'absence de reconnaissance des efforts accomplis. On accordera par conséquent une attention toute particulière aux modalités de réinsertion de ces enseignants mobiles, à leurs façons d'envisager le métier à la suite de l'expérience, à leur potentiel de médiation entre les langues et les cultures ainsi qu'à leurs trajectoires ultérieures.

L'échange en partage : la (re)production narrative des parcours

Notre étude donnera très largement la parole aux acteurs sociaux eux-mêmes. Il s'agit de pointer, avec leur concours, les spécificités contextuelles, socioprofessionnelles, culturelles de la mobilité des enseignants du premier degré dans le cadre franco-allemand. En procédant de la sorte, nous voulons, d'une part, contribuer à mieux connaître – et faire connaître – les enjeux personnels et professionnels d'un déplacement spatio-temporel par des individus dont la situation spécifique d'insertion dans le contexte étranger est très différente de celles des étudiants, par exemple.

Mais, d'autre part, nous ambitionnons aussi de montrer des problématiques transversales à tout séjour d'une certaine durée dans un espace fait d'ailleurs. Car, rendre compte du point de vue des acteurs concernés par la mobilité ne peut pas écarter le fait qu'elle représente, certes, pour chacun une aventure personnelle mais qu'il faut confronter cette subjectivité du regard aux éléments de la réalité sociale qui échappent à leur perception individuelle, à commencer par le cheminement d'autres acteurs qui se sont trouvés confrontés au même « espace des possibles ». S'intéresser selon une démarche compréhensive et empathique à la mobilité des enseignants, à leurs réactions à travers la manière dont ils en parlent et le sens qu'ils y attribuent, ne doit donc pas faire perdre de vue qu'il convient de mettre ces éléments au service d'une problématique générale en repérant ce que cela nous aide à comprendre sur les enjeux identitaires et sociaux d'un déplacement spatio-temporel. Il s'agit par conséquent de prêter de l'importance et de l'intérêt à l'histoire d'itinéraires individuels, en s'accordant avec Bourdieu (1992 : 923) quand il souligne que « le regard prolongé et accueillant qui est nécessaire pour s'imprégner de la nécessité singulière de chaque témoignage, et que l'on réserve d'ordinaire aux grands textes littéraires ou philosophiques, on peut aussi l'accorder, par une sorte de démocratisation de la posture herméneutique, aux récits ordinaires d'aventures ordinaires ».

L'entretien collectif : une démarche d'introspection commune

La plupart des recherches qualitatives sur la mobilité et la migration montrent l'importance d'une démarche réflexive, un besoin fort de se raconter et de mettre les expériences vécues en relation avec ce qui a été vécu ultérieurement. Nous avions fait le même constat lors de la recherche longitudinale sur l'échange scolaire dans le cadre du programme Voltaire : « Quand bien même des changements tendanciels se constatent pendant ou immédiatement après le séjour à l'étranger, il n'empêche que le caractère processuel des effets et des retombées à long terme ne se déploie réellement qu'au bout de plusieurs années. Une élaboration intense du vécu ne devient possible que si les participants arrivent à prendre réellement conscience des spécificités et des variations culturelles des interactions avec l'autre différent et à les réfléchir. Les entretiens individuels et collectifs menés avec les élèves dans le cadre de la recherche sur le programme Voltaire pendant et après l'échange permettaient ce retour réflexif. Les participants indiquaient que ces dispositifs ont progressivement contribué à renforcer considérablement leur capacité à réfléchir l'expérience et à l'intégrer comme moment essentiel dans leur biographie. » (Perrefort, 2008 : 71)

Cette mise en mots s'assimile à bien des égards à une thérapie narrative, tant la narration a pour effet de donner sens, cohérence et continuité à des événements vécus parfois sur un mode de perturbation, de crise, de solitude, mais bien sûr aussi sur un mode de bonheur et d'enchantement.

Dans la majorité des études sur la mobilité, la démarche réflexive est faite au moyen d'entretiens individuels. Nous avons volontairement opté pour des entretiens de groupe, estimant que le partage des points de vue sur l'échange correspondait à un besoin déjà constaté lors de notre recherche sur Voltaire mais aussi pendant les séminaires de formation organisés par l'OFAJ à l'intention des enseignants. Le travail en groupe y offrait à chacun la possibilité de raconter son histoire, de bénéficier d'une écoute privilégiée et d'affirmer ainsi sa singularité tout en contribuant au tissage d'un récit collectif.

Fort de ces expériences non formalisées, nous avons donc décidé d'organiser des entretiens collectifs pour construire nos données. Nous pensions en effet que se livrer par et dans le récit au moyen d'une démarche collective de rétrospection était favorable à susciter une parole vive, propice à ramener à la conscience des épisodes clés, des ressentis d'alors. Nous supposions qu'à travers l'évocation collective du vécu allaient se tisser des liens, s'élaborer des interprétations assurant cohérence aux événements vécus et que la parole partagée allait laisser entrevoir des similitudes et des différences dans l'évaluation rétrospective de l'échange.

L'entretien en groupe permet de réunir des personnes concernées par l'expérience de déplacement et d'utiliser leurs interactions à la fois comme moyen pour recueillir les données et comme point de focalisation dans l'analyse. Cette démarche permet de révéler les attitudes et représentations que les partenaires transmettent et échangent dans leurs discours. Moscovici (1984) souligne que « le changement social rend la communication particulièrement riche ». Or c'est précisément de changement et d'adaptation socio-culturelle qu'il est question dans le cadre de la mobilité dont il s'agit ici. Demander aux enseignants de raconter et donc de revivre l'« aventure » au sein d'un petit groupe de personnes qui ont vécu une expérience similaire ou proche, c'est ouvrir l'échange sur la construction identitaire (y compris une identité commune), ainsi que sur le sens qu'ils donnent à la mobilité et la compétence interculturelle. C'est aussi s'attendre à ce que le discours en circulation soit porteur d'attitudes et de représentations sociales.

Chapitre 3

Du récit singulier aux constructions communes des vécus

La mise en place du dispositif méthodologique

La réunion destinée à recueillir les données au moyen d'entretiens collectifs a réuni, en décembre 2009, dans un centre de rencontre à Strasbourg vingt et une personnes (dix Allemands et onze Français; cf. supra chapitre 1 : Profils individuels de la diversité des itinéraires et de la pluralité des expériences). Au moment du départ, la moyenne d'âge dans le groupe des Allemands était de quarante ans (le plus âgé avait cinquante sept ans, la plus jeune vingt huit). La moyenne d'âge des Français était identique (le plus jeune avait vingt-quatre ans, la plus âgée cinquante). Ce mélange intergénérationnel était voulu, il reflétait une caractéristique importante de la mobilité enseignante et constituait un de nos critères de sélection des participants. Un autre critère concernait la période à laquelle l'échange avait eu lieu, car il nous importait de saisir d'éventuelles différences et ressemblances avec les enquêtes de la première étude, dont la participation remontait à la période 1973-1997. Nous souhaitions cette fois-ci réunir des enseignants ayant participé entre 1999 et 2008, donc qui avaient respectivement un recul variant de dix à un an. Et enfin, nous n'avons retenu que des enseignants qui avaient répondu au questionnaire et donné leur accord préalable pour participer à des entretiens collectifs. La durée moyenne de leur participation au programme d'échange était de deux ans pour les Allemands, un peu moins pour les Français avec une durée moyenne d'un an et demi. Au moment de leur participation à l'échange, la moitié des Allemands vivaient seuls (célibataires ou divorcés), sept d'entre eux avaient des enfants. Du côté français se trouvaient huit personnes mariées, dont six avec enfants. Comme pour les Allemands, deux personnes avaient emmené enfants et conjoint, deux étaient partis seuls avec leurs enfants. Précisons enfin que les participants ne se connaissaient pas et ne s'étaient jamais rencontrés lors d'un des séminaires de formation organisés par l'OFAJ. Tous les participants se sont montrés particulièrement motivés pour participer à notre recherche, et aussi bien les réponses souvent très détaillées aux questions ouvertes du questionnaire ainsi que la manière dont ils se sont engagés dans les entretiens montrent que l'expérience a été vécue comme un moment existentiel particulièrement fort. Nous avions déjà constaté un phénomène similaire lors de la précédente enquête et nous l'avions alors commenté de la manière suivante : « Les 53 personnes qui ont répondu l'ont fait avec un souci d'exhaustivité exemplaire et un effort de mémoire impressionnant. Ce soin apporté au questionnaire est révélateur de l'importance attachée à cette expérience particulière et dénote un grand désir de transmission qu'un des enquêté formule ainsi : "J'ai parfois l'impression qu'une trace écrite de notre expérience serait indispensable". » (Dupas & Perrefort, 1998 : 74)

Déroulement et conduite des entretiens

La rencontre s'est déroulée pendant deux jours. Le premier jour, les entretiens étaient organisés en groupe national, le deuxième les groupes étaient mixtes. Nous avons réalisé au total six entretiens d'une durée moyenne de deux heures et demie, deux en langue allemande, deux en français et deux où les langues alternaient. La participation aux entretiens était limitée à cinq personnes et afin de permettre à ceux qui n'étaient pas « en entretien », nous avons organisé en parallèle un atelier d'écriture, animé par une intervenante bilingue, spécialiste de cette forme d'expression. Les travaux issus de ces séances d'écriture, une démarche réflexive complémentaire, sont reproduits pour partie dans le présent ouvrage.

L'encadrement scientifique comprenait trois animateurs formés à la conduite de l'entretien. Nous avons volontairement opté pour une approche empathique, compréhensive, un mode d'entretien ouvert, permettant de s'adapter à l'évolution du cours de l'entretien, car selon la formule que Morin emprunte à Machado, « il n'y a pas de chemin lorsque l'on marche, le chemin se fait en marchant » (1977 : 21). Notre objectif n'était pas d'obtenir la production de discours linéaires sur un thème donné, mais d'explorer, à l'aide d'un dispositif le plus souple possible, la diversité et la complexité des trajectoires. Par conséquent, nous n'avons pas posé de questions pré-rédigées, ou rédigé un guide d'entretien, mais conçu plutôt un plan, une trame comprenant les thèmes que nous souhaitions aborder et approfondir avec les participants.

L'entretien lui-même fut lancé de manière souple, dans un climat de confiance assez rapidement installé entre participants et animateurs. Ceci s'explique notamment par le fait que les animateurs étaient familiers du terrain, grâce à un contact régulier avec la population enquêtée (recherches antérieures ; animation des rencontres de formation) et avaient pu développer à travers leurs activités, conjuguées avec l'observation participante, une sensibilité aux points de vue des enseignants et à la diversité de leurs expériences. Cette connaissance intime du terrain nous a mis en mesure d'entrer « dans le système de valeur, dans la vie de l'informateur, en étant ouvert à la compréhension des expressions les plus discrètes » (Kaufmann, 1996 : 87). Ainsi, nous n'avons pas eu de difficulté à susciter rapidement une parole vivante, ouverte et polyphonique, un vrai « plurilogue », tout en ne participant que légèrement par des relances, des reformulations, des signaux empathiques (signes de surprise, étonnement, d'acquiescement).

Le démarrage s'est fait de la façon suivante : « Nous sommes ici pour parler de vos diverses expériences de l'échange, pour évoquer vos différents parcours, des rencontres faites au cours de votre expérience, des moments forts, des expériences clé – donc, par exemple, pouvez vous raconter comment cela s'est passé pour vous, comment c'est parti … qui veut commencer ? »

Il s'ensuit que la situation ressemblait plutôt à un type de rencontre informelle qu'à des entrevues à des fins de recherche et la dynamique conversationnelle qui s'est rapidement instaurée a rendu les relances thématiques que nous avions prévues peu nécessaires.

Traitement des données

Les débats ont été enregistrés et transcrits par la suite, en respectant le plus fidèlement possible la parole tenue. Les citations en allemand ont été traduites par nos soins. Contrairement aux normes académiques en vigueur, nous avons renoncé à reproduire l'original à la suite du passage traduit afin de ne pas alourdir la fluidité de la lecture. Dans la mesure où nous avons pris le parti de donner largement la parole aux acteurs eux-mêmes, certains extraits sont relativement longs. Et comme nous ne les soumettons pas à une analyse discursive systématique, nous avons procédé pour quelques-uns à un « lissage », consistant, entre autres, à ne pas retranscrire toutes les particularités de l'oral (par exemple des marqueurs de segmentation tels que *bon, ben, hein*), ou encore des « piétinements » syntaxiques (reprises répétées d'un segment syntaxique). Toujours pour des raisons de lisibilité, nous avons renoncé aux conventions habituelles de transcription (marquage des éléments prosodiques, marqueurs de silence, d'hésitation, par exemple). En revanche, la fréquence élevée et significative des « voix », c'est à dire les passages où le locuteur rapporte un discours qu'il a tenu lui-même à un moment donné ou lorsqu'il cite ceux des autres, nous a conduits à indiquer entre guillemets les auto-citations et les citations d'autrui. Révélateurs de positionnements identitaires, certains de ces passages seront soumis, dans la partie 4 de ce chapitre, à titre d'exemple, à des analyses plus fines afin de repérer dans des formes discursives les traces de ces recompositions identitaires.

Le tableau ci-dessous résume les codes de transcription retenus :

Code	Désignation
/	auto-interruption
[ ]	nom, âge, nationalité du narrateur et éventuelles. remarques de l'enquêteur
entre guillemets	discours rapporté : auto-citation ou citation de discours d'autrui

Une approche compréhensive et discursive

Pour l'analyse des entretiens, nous avons opté pour une approche mixte, conjuguant à la fois une analyse thématique et une analyse du discours. Nous suivrons pour ce faire une démarche discursive et signifiante de reformulation, d'explicitation ou de théorisation des témoignages selon une logique empathique et compréhensive propice à la découverte de nouvelles interrogations ou à la construction du sens. Une telle démarche vise moins à saisir des résultats qu'à décrire et d'objectiver des processus, dans le but de construire une compréhension progressive des phénomènes observés et relevés. Nous combinons les outils proposés par ces approches avec ceux de l'approche ethnosociologique des récits de vie (Bertaux, 2001) et de l'entretien compréhensif (Kaufmann, 2004), s'inspirant de la sociologie compréhensive élaborée par Max Weber (1992) et de la *Grounded Theory* (Strauss, 1992; Schütz, 1987). La démarche consiste à élaborer progressivement à partir d'une enquête fondée sur le terrain un ensemble d'hypothèses, un modèle basé sur les observations, et qui contient des descriptions des mécanismes sociaux et des propositions d'interprétation des phénomènes observés et des récurrences relevées. Cette fonction descriptive est essentielle et conduit vers ce que Geertz (1973) appelle *thick description*, à savoir une description en profondeur de l'objet ou du comportement, en le situant dans son contexte social pour en comprendre le sens. La position du chercheur s'apparente ainsi à celle d'un « artisan intellectuel », qui formalise un savoir-faire concret issu du terrain, construit soi-même sa méthode et sa théorie en la fondant sur le terrain en maîtrisant et personnalisant les instruments.

L'analyse s'attachera à repérer, dans l'ensemble des discours produits, des récurrences, des événements significatifs survenus avant, pendant ou après l'échange. Elle accordera une attention particulière aux mobiles externes, mais surtout internes, qui incitent au départ vers le pays et l'école de l'autre. Tout en étant des reflets d'expériences à la fois uniques et plurielles, les discours évoquent tous des traits pertinents du vécu, des questionnements identitaires parfois douloureux, le rôle des co-acteurs de la mobilité et les réactions liées au déplacement spatio-temporel. Si une partie des récits relatifs à cette expérience d'échange dessine une trajectoire rectiligne, exempte de crises d'intensité variable et de nature diverse, un certain nombre d'entre eux donnent, en revanche, à voir des trajectoires plutôt tourmentées, qui révèlent autant d'interrogations, de troubles antérieurs que le séjour a précipités, mais aussi remédiés.

Une des prémisses qui sous-tend une grande partie de l'interprétation des données est que c'est dans et par le discours que se construisent, se déconstruisent, s'affrontent, se transforment ou se consolident les identités, ce qui amène Gumperz à postuler que « l'identité sociale et l'ethnicité sont en grande partie produites et reproduites par le langage » (1989 : 14).

Ces dynamiques sont observables par le fait qu'ils se matérialisent dans des formes verbales et des comportements langagiers. La voie privilégiée pour accéder aux positionnements identitaires en acte est donc celle qui consiste à en repérer les traces verbales, laissées à la surface du discours, à en analyser les formes et à interroger les projections de soi et de l'autre qui participent à leur production.

L'approche éthnométhodologique définit ces activités de « catégorisation ». Comme le montre Sacks (1992), il s'agit d'activités langagières par lesquelles l'interactant cherche à se définir lui-même et/ou définit l'autre comme appartenant à une catégorie sociale (cf. Gülich, 1997 ; Mondada, 1999). La sélection opérée dans l'ensemble des catégories sociales ne se fait pas au hasard ni de manière fortuite. Elle varie suivant le genre de relations qui tentent ou non de s'établir sur le moment et des représentations dans lesquelles elle trouve ancrage. Il s'ensuit que, dans une interaction, se reflète la représentation qu'un individu se donne à lui-même et aux autres de son appartenance (ou non-appartenance) à un groupe. La plupart du temps, ces catégorisations ne sont pas explicitées, mais elles sont riches en inférences et font appel à un savoir collectif. Leurs indices verbaux sont souvent infimes et implicites, relevant d'une mémoire discursive et d'archives de connaissances supposées partagées par les membres d'un groupe social donné. L'étude des catégorisations est ainsi un moyen d'accéder aux connaissances sociales des interlocuteurs, à leur savoir individuel, ainsi qu'au savoir collectif et social.

La notion de catégorisation est intéressante en raison de sa conception constructiviste des identifications, puisqu'elle refuse d'envisager la notion d'identité dans un cadre déterministe et uniciste pour se centrer plutôt sur les stratégies et processus identitaires polyformes, multiples et paradoxales qui sont particulièrement saillants dans l'expérience de la mobilité.

L'échange en partage : la (re)production narrative des parcours

Même si nous nous attendions plus ou moins à ce que la mise en route des entretiens ne poserait pas de difficulté particulière, nous avons néanmoins été surpris de la spontanéité avec laquelle les participants ont entamé leurs récits, de la connivence qui s'est installée entre eux dès les premiers instants, favorisant la création narrative, et, à travers elle la co-construction de l'espace-tiers comme espace de partage émotionnel et des redéfinitions identitaires. Pendant ces deux journées de la rencontre, l'aventure de l'échange a été revécue, racontée, comparée et surtout interprétée, évaluée et mise en relation avec le présent, du style « oui, mais c'était la question d'avant, mais je peux réagir à celle-là aussi, parce que c'est la question que je me pose maintenant ». Dans son ouvrage consacré à la mobilité étudiante, Murphy-Lejeune constate le même enthousiasme suscité auprès des étudiants avec qui elle a réalisé des entretiens par l'occasion de revenir sur leur expérience et de prendre conscience dans cette démarche réflexive de leur propre construction sociale : « Leur voix continuent de porter, quelques années plus tard, et se font écho dans le faisceau des interprétations qui révèlent l'hétérogénéité fondamentale des apprenants. À partir d'un ensemble fort divers, on retrouvera des régularités dans la façon dont ils mettent en mots la perception intérieure qu'ils ont de leur expérience. » (2003 : 57)

De par leur métier, les enseignants possèdent un riche capital narratif. Habitués à travailler en classe avec des contes, des récits, à inventer et à créer, leurs témoignages sont souvent captivants, drôles, tristes, bouleversants et tiennent l'auditoire en haleine, le faisant rire, s'indigner, vibrer, pleurer, réfléchir. De sorte que la communication était chargée en émotions, s'exprimant également par des signes non verbaux comme des soupirs, des gestes (embrassades, touchers de solidarité, par exemple) ou encore des silences.

On s'écoutait avec une grande attention, avec de nombreuses inférences. L'histoire individuelle de chacun devenait un objet de réflexion collective, la comparaison entre les récits a fait ressortir des ressemblances et les différences et de l'évocation des faits et des événements survenus dans l'expérience des uns et des autres, les participants passaient à des interprétations et des évaluations. On adhère aux dires des autres, on enchaîne, on consolide les liens confirmant la valeur relationnelle attribuée à cette rencontre et à l'évocation commune des expériences vécues et partagées. Ainsi, en comparant leur situation à celles vécues par d'autres collègues, on mesure parfois sa chance : « J'ai été à Bordeaux pendant deux ans, j'avais donc, comparé à d'autres, beaucoup de chance. » [Silvia, D/39]

Des plus jeunes prennent conscience qu'une décision de partir pour un, deux, voire parfois trois ans ne se prend pas avec autant de désinvolture lorsque on a une vie familiale et sociale tracée que lorsqu'on démarre dans sa carrière professionnelle et qu'on n'est pas encore engagé dans des responsabilités de couple et de famille : « Et encore, dans ma situation/parce que je vois que beaucoup de gens sont courageux, avec une famille ou qui partent avec un enfant, moi je trouve ça vraiment bien. Mais moi, je me dis que c'est l'occasion peut-être maintenant, puisque j'ai un peu moins d'attaches que les uns ou les autres, j'ai pas acheté de maison, j'ai pas de chien, j'ai rien du tout donc du coup pour partir c'est vraiment simple. » [Yoann, F/26]

Écouter les récits des autres a rapidement suscité le désir de se raconter à son tour, souvent en adoptant la posture d'un narrateur qui capte l'attention de son auditoire en lançant son récit non pas par le rituel « il était une fois », mais par des formules introductives telles que « eh bien moi, c'est une histoire un peu similaire », ou « bon, alors, l'histoire était ainsi préprogrammée ». Il s'ensuit que la mise en perspective des expériences aboutit à faire émerger une cohérence de faits hétérogènes et donne aux discours polyphoniques un sens dans lequel le vécu de l'un éclaire le vécu de l'autre : « Le récit de l'expérience unique mais reconnaissable, identifiable et comparable, intéresse tout particulièrement les interlocuteurs lorsqu'il y a présomption de connivence entre des personnes qui ont vécu des expériences proches et pourtant différentes. » (Vasseur 2008 : 168)

Effectivement, le travail réflexif auquel les participants se livrent collectivement les invite à engager un retour sur soi, une autoréflexion sur leur vécu afin de favoriser l'émergence d'une prise de conscience et de donner sens à leurs actions, passées ou présentes. Car « avoir vécu une expérience ne suffit pas. Pour que cette expérience devienne de l'expérience, il faut sans cesse la régénérer et la remédier. Si nous transformons l'expérience en conscience, nous sommes prêts pour un nouveau commencement » (Morin, 1991 : 10).

Ces échanges sur un épisode marquant de leur vie professionnelle et personnelle révèle ce que Ricœur appelle « l'identité narrative », à savoir « cette forme d'identité à laquelle l'être humain peut accéder au moyen de la fonction narrative » (1991 : 35) et le récit s'assimile à un espace tiers où l'expérience mobilitaire est ancrée dans des contextes, reliée à un passé, un présent et une projection dans le futur et où chacun a la possibilité de renégocier ses appartenances identitaires. Car « raconter son histoire est presque aussi important que de se la raconter » (Kaufmann, 2004 : 155). Par conséquent, la contextualisation fait surgir ce que chacun estime être porteur de sens. Le récit en tant que récit formateur co-construit « rend alors possible de nouvelles interprétations de l'identité comme contingente, fluide et hybride. Il rend possible l'émergence de nouveaux territoires intimes pour l'autoreflexivité, ouverts sur l'altérite et l'échange » (Cognigni, 2009 : 19).

Avant d'aborder les entretiens selon un ordre chronologique suivant les différentes phases du séjour, nous proposons d'observer de plus près « cette émergence de nouveaux territoires intimes », ces « nouvelles interprétations de l'identité » à travers le récit. En effet, les récits de soi s'alimentent de voix extérieures et le narrateur se laisse parfois inspirer par des histoires entendues sur lui, qu'il intègre comme des scripts possibles pour expliquer son cheminement en racontant sa propre histoire. Lors de la mise en cohérence par le récit, le narrateur se confronte donc à des voix divergentes, traces discursives du regard reconnaissant ou non d'autrui posé sur lui et qui influencent l'image qu'il a de lui-même. Comme nous le verrons, il peut y avoir un décalage douloureux entre autoreprésentations complexes et l'image de soi simplifiée, voire caricaturée, qui est renvoyée, portant atteinte à l'estime de soi. Pour illustrer les formes et les fonctions de ces traces discursives, nous interrogerons à partir de deux séquences narratives les discours rapportés sur ce qu'ils nous révèlent de ces déplacements de soi qui peuvent survenir dans l'expérience mobilitaire en général et qui sont effectivement survenus dans la mobilité des enseignants dont il est question ici.

La scénarisation discursive des identités et des altérités

À l'écoute des entretiens, nous avons été frappés par la fréquence très élevée des voix des autres sous forme de discours directs rapportés, d'imitation de voix (par exemple l'accent, le débit, la hauteur de la voix), la sienne propre ou celle d'autrui. Il s'agit d'un procédé rhétorique de dramatisation qui rend audible des énoncés, des choses dites au narrateur à un moment de sa vie ou des dialogues prononcés dans le passé

(Thüne 2008; Lucius-Hoehne/Deppermann 2004). Alternant avec des séquences descriptives ainsi que des séquences plus réflexives, où le narrateur évalue, analyse ce qui lui est arrivé, ces séquences polyphoniques sont en quelque sorte des remémorisations mises en mot qui rendent compte des rencontres et des interactions qui s'y sont produites (Gerber, 2013)[2]. Elles font émerger l'image sociale, les rôles, le statut que le narrateur projette de lui-même et qui lui ont été attribués par les co-acteurs. C'est aussi un procédé hautement révélateur des tâtonnements, des stratégies d'adaptation, des ruptures ou encore des recompositions identitaires. Dans ces remémorisations discursives effectuées par le discours direct rapporté, accompagné la plupart du temps par l'imitation des voix s'affrontent deux univers : celui du personnage ou des personnages au moment de l'interaction dont on rapporte les propos et le contexte de la narration, ici l'entretien de groupe au cours duquel on se rappelle, reconstruit, recontextualise et fonctionnalise les propos que l'on a tenu soi-même ou que d'autres ont tenu dans des interactions passées. La polyphonie des voix sert alors à rejouer des scènes vécues, à illustrer ou à mettre en scène des personnages, ceux des autres mais aussi des personnages de soi, des inventions de soi ou d'un soi déplacé, qui appartient au passé, à ce passé que l'on est en train d'évoquer dans le récit et de le délimiter ainsi des identités que l'on réclame pour soi au moment de la narration. L'interlocuteur devient ainsi non seulement le témoin des scènes rapportées, mais il se trouve directement impliqué dans l'interaction, un moyen fort pour intensifier la relation interpersonnelle et favoriser l'empathie en dramatisant le récit. C'est le cas dans l'extrait ci-dessous, où Juliane, la narratrice raconte de manière très drôle et pour le plus grand plaisir de ses interlocuteurs son attitude stoïque face à des rats dans son appartement parisien, attitude aux antipodes de celle de son père :

> Je crois ce qui était vraiment terriblement difficile pour mon père, c'est quand j'ai eu tous ces problèmes avec mon propriétaire à Paris, avec cette histoire des rats dans l'appartement. Déjà il avait trouvé inouï que je paie autant pour un truc aussi minuscule, ma copine avait appelé ça « WC habitable avec coin cuisine ». Un coup, il est venu et il a dit : « Oh! mon Dieu, la prochaine fois il faut que j'apporte ma caisse à outils. » Et quand c'est arrivé avec les rats, il a dit « Oh! mon Dieu, maintenant t'es là-bas et moi, je ne peux pas venir, si j'étais chez toi là-bas, je ferais quelque chose. » Et, puis, oui, j'étais en colère contre moi-même, parce que je lui en avais parlé, car au fond cela l'a beaucoup plus stressé que moi, enfin à un autre niveau. Parce que pour moi, ce qui était grave, c'était l'attitude du

---

2 Communication orale lors d'une séance doctorale Université de Fribourg, Suisse. (octobre 2013).

propriétaire. Le truc avec les rats, c'est rien, à Paris, on connait. Je n'avais qu'à fermer la porte de la cuisine, ce n'était pas dans tout l'appart. Et au fond, je ne les ai même pas vus. Je n'en ai vu qu'un seul et il était mort. Mais sinon, oui je savais qu'ils étaient là, mais on ne les voit pas, ils se cachent. Et j'ai toujours frappé à la porte avant d'entrer. [Juliane, D/38].

La narratrice développe son récit relativement long autour d'un événement marquant son entrée dans la vie parisienne. La longueur de la séquence montre l'importance qu'elle accorde à cette épreuve originelle, initiatique mais à laquelle elle a su faire face. La mise en scène rétrospective des voix et des dialogues offre une large palette de possibilités pour l'identité narrative et celle des interlocuteurs passés. Car toute revendication identitaire d'un individu dans le discours peut se concevoir comme « le produit de son histoire, de l'échange avec les contextes dans lesquels il s'inscrit » (Kaufmann, 2004 : 91). En activant sa voix d'alors et celle des autres, le narrateur sélectionne des aspects identitaires et des perspectives différentes qu'il met alors en scène à l'aide de variations langagières. Faisant appel à une double mise en scène – celle qui se joue en direct devant les interlocuteurs présents et celle qui est reproduite au moyen de la reproduction des répliques antérieures – le tout est rejoué devant un public spécifiquement concerné par le propos, mais totalement indépendant de la scène d'origine. On assiste ainsi à une superposition des effets visés par le narrateur. Chaque mise en scène a une fonction servant, entre autres, à donner une authenticité aux expériences relatées, à accroître la crédibilité du narrateur. À travers les paroles rapportées du père, la locutrice révèle ce qu'elle pense de son attitude, de ses valeurs et de ses normes et s'en distancie en utilisant la dérision. Elle gère ainsi la tension entre les images respectives des acteurs : « Il semble que le discours rapporté permette de minimiser cette tension entre devoir dire qu'on est bon, performant, habile et de le montrer par une mise en scène choisie ». En ce sens l'imitation à deux reprises de la voix inquiète du père a pour effet de le caractériser comme personnage soucieux, protecteur, mais aussi ignorant tout des conditions de vie en France. Si les propos rapportés de son père permettent à la locutrice de montrer comment elle ne voudrait pas être ou ne plus être, cette catégorisation du personnage paternel lui permet en contrepartie de camper son propre personnage, une identité francisée au cours de sa vie au quotidien en banlieue parisienne et de se positionner de la sorte sur un mode d'initiée. Son récit contribue ainsi à l'auto-valorisation, tout en respectant la règle de modestie qui impose à tout locuteur certaines réserves quant à une mise en scène qui le rendrait plus grand que nature. En même temps elle redéfinit son positionnement identitaire, devenu fluctuant, affranchi, ouvert sur l'altérité et aspirant à de nouvelles appartenances. L'imitation des voix dramatise son récit sur le plan émotionnel et lui permet de scénariser de manière visible et audible des transformations identitaires dans leur dynamique.

Des procédés d'altérisation

Dans l'exemple suivant, la narratrice rapporte les propos tenus à son encontre, dans une épicerie en Allemagne, et qui l'ont profondément ébranlée. Son récit ressemble à une forme de commérage, c'est-à-dire un discours où on évoque et commente négativement des traits caractéristiques d'un tiers ou de plusieurs tiers absents. Le commérage joue un rôle très important dans le resserrement des liens sociaux et, lors des entretiens, de tels épisodes narratifs ont donné lieu à des manifestations d'adhésion aux propos tenus. Pour rejouer la scène la narratrice active sa propre voix au moment de l'incident mais surtout celles des témoins. Elle met ainsi en scène des discours collectifs, dans lesquels on doute de son honnêteté :

> Juste une petite anecdote, parce que vraiment pour moi, elle reste toujours dans mon esprit. Quand j'essaye de comparer les deux fois à trente ans d'intervalle où je suis allée en Allemagne, et où les Allemands étaient hyper francophiles et puis alors tout ce qui était français, était génial. Et là, pendant l'échange, il m'est arrivé quelque chose quand j'étais à Waldkirch, j'étais dans une petite droguerie que j'adorais jusque-là, et donc j'achète quelque chose à 8 euros, il y avait plein plein de gens, c'était au moment de Noël, il y avait une queue incroyable enfin bon, et là je donne un billet de 50 euros, et la caissière me rend sur 10 euros. Et donc je lui dis : « Non mais, je vous ai donné 50 euros. » Et elle me dit : « Ah non non ! Vous m'avez donné 10 euros. » Moi, j'étais sure d'avoir donné 50 euros et j'avais pas envie de perdre 40 euros de ma poche et elle regarde les autres gens et puis les autres font « Non, non, c'était 10 euros. » Alors là, et sans avoir vraiment vu, les autres. Et donc là, la cliente qui était juste après moi, c'était une vieille mémé, comme ça, et là moi je commence un peu à m'énerver, à dire non, mais c'est pas possible et là la mémé elle dit c'est impossible tous ces étrangers qu'il y a ici [Christine, F/51].

Le récit de Christine est constitué d'une succession d'événements narratifs, qui conduisent à une chute. Chacun des énoncés qui rapporte les discours tenus et entendus a une fonction narrative, puisque leur ensemble constitue la trame de l'histoire. Par ailleurs, ces discours rapportés ont une fonction argumentative, car ils servent à mettre en exemple une propriété négative du groupe qui les a tenus, à savoir la mauvaise foi et l'hostilité envers l'étranger. Cette propriété négative met en évidence une double représentation : d'une part, la locutrice se distancie des individus qui ont ce comportement qu'elle juge condamnable. Et, d'autre part, elle construit une image sociale d'elle-même, telle qu'elle se percevait au moment de l'événement qu'elle raconte, un individu faible, vulnérable, exclu, privé de droits et incapable de se défendre – son « je » n'est plus rien.

Les propos discriminatoires la blessent d'autant plus profondément qu'ils la catégorisent comme non-membre, comme étrangère, catégorie dans laquelle elle ne se reconnaissait pas, compte tenu de son passé en Allemagne et de son engagement dans l'échange. La dramatisation discursive de l'épreuve vécue dans la droguerie va servir à expliquer par la suite sa conversion identitaire. Celle-ci est précédée d'une crise, d'une rupture favorable au changement. En stylisant par l'imitation des voix les co-acteurs qui ont participé à la catégoriser comme non-membre, elle montre clairement qu'elle se distancie de l'image idéalisée de l'Allemagne qu'elle avait cultivée pendant des années, et qu'elle s'est engagée dans un processus de réflexion. Pour mieux comprendre cet épisode, il faut savoir que Christine s'exprime assez couramment en allemand, mais qu'elle a gardé un accent français. C'est donc sur la base de caractéristiques linguistiques, en particulier phonétiques, qu'elle a été catégorisée comme non-membre. Et c'est effectivement dans les atomes de signification de cet infiniment petit de nos interactions quotidiennes tel qu'une trace d'accent, une courbe intonative, une mimique articulatoire, que réside et se révèle le geste culturel qui peut à tout instant suspendre l'élaboration d'un sentiment d'appartenance en remettant l'altérité sur le chantier interactif. La persistance de l'accent, mais aussi d'autres gestes culturels se traduisant dans l'habitus communicatif, sont des traces d'identité qui peuvent être rendues pertinentes dans une démarche d'altérisation visant à construire « l'étrangéité » de l'autre, de celui qui a voulu croire et faire croire un moment qu'il était membre de la même scène sociale. Il s'ensuit que cette appartenance peut à tout moment être remise en question et réengager l'individu dans un travail de renégociation de la pluralité de ses appartenances. Le statut et la pertinence de ces stratégies d'altérisation sont négociables et variables selon les enjeux, les individus, les situations. Il n'empêche que de telles procédures participent à « la production de l'Autre » (Baudrillard & Guillaume, 1994 : 169). Le fait que Christine choisisse d'évoquer précisément cet épisode en rejouant la scène par des moyens polyphoniques est significatif du sens qu'elle souhaite lui donner – la blessure d'avoir été rejetée à nouveau dans une catégorie identitaire figée dans laquelle elle ne se reconnaît plus.

Ceci montre que la mobilité peut, certes, se concevoir comme espace dans lequel il est possible de construire des identités plurielles, de s'engager dans de nouveaux territoires et de redessiner ses appartenances. Mais la reconnaissance et la valorisation de celles-ci peuvent se heurter aux pratiques classificatoires des co-acteurs et leur éventuel refus d'admettre et de reconnaître des identités plurielles, hybrides, réélaborées au fil des processus complexes de mobilité et de déterritorialisation. Rappelons ici la magnifique métaphore de l'Arlequin proposé par Michel Serres (2003 : 153) pour évoquer la pluralité de nos identités et appartenances : « Vous ne cessez de coudre et tisser votre propre manteau d'Arlequin aussi nué ou bariolé, mais plus libre et souple que la carte de vos gênes. » Cette idée sous-tend aussi la réflexion d'un des participants qui décrit les métamorphoses intervenues au cours du séjour : « Chacun a emporté quelque chose, le Français qui rentre a trouvé en Allemagne la pièce qui lui manquait peut-être dans son puzzle, ou il a peut-être remplacé un morceau qui s'y trouvait déjà, mais le nouveau morceau est plus joli et lui va beaucoup mieux. Et c'est la même chose pour l'Allemand qui rentre de France » [Heinz, D/62]. Nous reviendrons plus loin sur cet aspect fondamental pour la population dont il est question ici.

Dans les chapitres suivants, l'analyse se focalisera sur les thèmes abordés pendant les discussions. En nous basant sur les témoignages, nous suivrons l'enchaînement chronologique de l'expérience. D'abord, la période précédant le déplacement, les déclics ayant poussé à la prise de décision, les dispositions familiales et individuelles ainsi que la part du franco-allemand dans leur histoire personnelle. Suivront l'arrivée et les phases d'insertion dans le nouveau quotidien, la construction d'un réseau de sociabilités, les aspects linguistiques et la gestion du nouveau contexte professionnel. Pour finir, nous aborderons le retour et le processus de réinsertion en milieu d'origine, avec ses aléas, ses hauts et ses bas émotionnels.

Précisons qu'il s'agira plus que tout de rendre compte des enjeux symboliques de cette mobilité spécifique en questionnant notamment les changements ressentis au cours de cette longue plongée quotidienne dans le pays voisin, les processus de remédiation ou encore les interrogations identitaires, qu'elles soient d'ordre personnel, professionnel, langagier ou culturel. Ce qui va mobiliser notre attention est moins l'histoire elle-même, ni son simple contenu mais plutôt « l'identité de soi qui s'en dégage, la capacité des interviewés à l'auto-reflexivité » (Cognigni, 2009 : 21) et surtout de voir comment « l'ego transforme le simple reflet en réflexivité par les intrigues qu'il invente à partir de sa propre expérience » (Kaufmann 2004 : 152).

Chapitre 4

Des remises en question professionnelles

Les déclics qui poussent au déplacement

Quelles sont donc les raisons, dans les biographies de ces enseignants, qui les amènent à franchir le pas, surmonter des obstacles, traverser des épreuves? Pourquoi quitter son milieu familier, parfois sa famille, sa classe avec « ses » élèves, même si ce n'est qu'un départ passager? Pourquoi décider un jour de larguer des amarres, d'accepter l'inconfort et s'engager dans des apprentissages buissonniers?

Les raisons avancées pour expliquer la décision de prendre part au programme d'échange se déclinent à la fois sur des registres très divers et spécifiques en ce sens qu'elles relèvent en partie de la situation socio-professionnelle du groupe enquêté. On peut noter tout d'abord qu'à la différence des mobilités académiques qui concernent les étudiants, ces enseignants sont déjà insérés dans le monde professionnel au moment du départ et ils sont censés retrouver cet univers au retour. Ce monde est évidemment très présent dans les entretiens.

La structuration narrative et argumentative des parcours

Les récits relatifs à l'amont de l'échange se caractérisent par l'effort des sujets narrateurs pour restituer la chronologie et la structuration temporelle de leur parcours professionnel. Cette structuration diachronique assure une cohérence aux faits et événements; ils sont reliés à des contextes selon une logique temporelle et argumentative. On donne ainsi des descriptions souvent précises concernant le déroulement de la carrière, on raconte son cheminement professionnel pendant les années précédant le départ pour l'école de l'autre. Mais il s'agit moins de présenter des évolutions selon une linéarité rationnelle, que de chercher à faire comprendre les conflits d'identité qui résultent de certains épisodes marquants, de commenter et d'évaluer un contexte professionnel ou personnel duquel va finalement émerger la décision de partir en échange, investi comme lieu de refuge et de remédiation. Le cas de Corinne en est un exemple pertinent. En conflit avec ses collègues et les parents d'un élève, elle est déjà engagée avant son départ en Allemagne dans un processus de rupture :

> J'étais directrice d'une école maternelle et ça se passait très très mal. L'inspection académique, qui jusqu'à présent avait montré beaucoup d'égards, d'éloges, m'avait toujours félicitée pour mon travail, m'avait même sollicitée pour faire le CAFIPEMF[1] pour être aide-formatrice, donc c'est vrai que quand les inspecteurs viennent dans votre classe et vous disent : « Vous devriez passer le CAFIPEMF », c'est plutôt un compliment. Il faut savoir qu'on m'a proposé ça aussi parce que je voulais passer le CAPES interne et qu'on me disait : « Non, ne nous quittez pas, on a besoin de gens comme vous », enfin bref on m'a mis la pommade et donc j'ai annulé ma demande de CAPES interne et j'ai passé l'épreuve du CAFIPEMF [Corinne, F/49].

Dans sa narration, elle développe très longuement les événements qui l'ont finalement conduit à agir et présente son état d'alors comme un malaise latent et une incapacité à faire face à sa situation professionnelle. Son cas, loin d'être une exception dans le groupe étudié, montre que la mobilité intervient au cours d'une carrière, pour certains déjà largement entamée, la plupart du temps à un moment précis où on se dit en proie à une crise sur le plan professionnel, parfois personnel, un moment semblable à un « no mans land du sens ». Vécu sur un mode de vulnérabilité et de fragilité, on cherche alors à se soustraire à une situation professionnelle jugée non conforme aux aspirations individuelles, on se met en quête d'échappatoires même si ceux-ci signifieraient un déclassement social :

---

1 Le CAFIPEMF, certificat d'aptitude aux fonctions d'instituteur ou professeur d'école maître formateur, s'obtient en passant par un examen professionnel spécifique, pour lequel ils sont généralement encouragés par l'inspecteur qui relève la qualité du travail réalisé dans l'école. L'inscription au CAFIPEMF peut aussi faire suite à un conflit entre le candidat et ses collègues de l'école, ou à une mise en cause de ses choix pédagogiques à l'intérieur ou à l'extérieur de l'école. « Tous les membres assidus du jury de CAFIPEMF ont connu ce genre de situations dans lesquelles l'examen professionnel se transforme en arbitrage semi-officiel. Dans ces cas-là, la réussite au CAFIPEMF représente plus qu'un recrutement, et constitue une reconnaissance institutionnelle permettant une "sortie par le haut" .» (Quinson, 2004)

> Et j'étais prête à démissionner, je rêvais d'être caissière. J'aurais tout plaqué, je me disais au moins caissière on ne te demandera pas des comptes s'il manque un peu d'argent dans la caisse parce que si j'ai fait une erreur de caisse je pourrais toujours rajouter de l'argent, bonjour-bonsoir pas de responsabilité, enfin, pour moi, le métier idéal c'était devenu caissière en supermarché [Corinne, F/49].

Le récit de sa carrière ne se fait non seulement par l'évocation de faits ou d'épisodes clés. Il est souvent rattaché à des réflexions sur ses traits de caractère et illustré par des formules de type je ne suis pas du genre « toujours la même chose » ou « c'est dans ma nature de toujours vouloir changer ». Il ne s'agit donc pas seulement de décrire de manière essentiellement factuelle un parcours biographique, mais le récit constitue également une élaboration discursive visant à produire des impressions et à camper un personnage comme celui de quelqu'un d'ouvert, de flexible et de tolérant, du style : « [Je participe à l'échange] parce que moi, je suis ouverte à toutes les expériences ».

Des itinéraires tendus vers la mobilité

Pour quelques-uns, cette mobilité vers l'étranger est précédée par un cheminement professionnel marqué par une diversification importante en cours de carrière :

> Je trouve que c'est vraiment bien que ça existe cette histoire de mobilité des enseignants, parce que moi, j'ai beaucoup d'ancienneté et j'avoue que j'ai traversé des moments dans ma carrière où j'avais envie de quitter l'enseignement parce que j'avais l'impression de toujours répéter la même chose. Alors, il y a eu d'abord pour moi la possibilité d'enseigner une langue ; à ce moment-là, je commençais à m'ennuyer dans l'enseignement, j'aimais bien, mais je commençais à m'ennuyer, donc je me suis mise à enseigner l'allemand aux enfants, ça m'a redynamisée, après j'ai fait le CLIN (classe d'initiation pour non-francophones), ça m'a redynamisée, après je suis partie en Allemagne, ça m'a redynamisée et après je suis revenue et je vois encore d'autres trucs [Paule, F/53].

On peut observer que si ce besoin de se redynamiser par des formations, par la diversification des domaines de l'exercice professionnel et l'élargissement des expériences traverse comme un fil rouge le parcours professionnel de Paule, il est aussi très largement présent dans la grande majorité des témoignages que nous avons recueillis. On y trouve en effet la narration d'épisodes clés qui ponctuent le parcours et en marquent la discontinuité, de sorte que la participation à l'échange paraît inscrite dans un itinéraire tendu depuis longtemps vers une mobilité socioprofessionnelle.

Lorsque Laurent évoque son itinéraire antérieur, on constate que lui aussi a saisi de nombreuses occasions de formation pour évoluer dans sa carrière et pour diversifier ses activités. Cependant, il semble avoir conçu une certaine désillusion quant à une reconnaissance institutionnelle de ses efforts de formation, voire d'autoformation. Comparant ces périodes de formation, y compris d'autres échanges scolaires, aux potentialités formatrices offertes par l'échange franco-allemand et le suivi qui y est proposé, il se montre très critique à l'égard de l'institution scolaire française :

> Dans tous les autres cas [c'est-à-dire les autres formations], c'est : « Débrouille-toi, allez hop », ça marche, ça ne marche pas, terminé, aucun suivi. En tous cas pour moi, c'était extrêmement frustrant, j'avais l'impression que tout ce qu'on a appris, toute l'expérience qu'on a faite est perdue, que ça ne sert à rien du tout, ni dans la carrière parce que là, on est plutôt pénalisé quand on fait ce genre de choses, on vous oublie dans un coin, on vous donne les moins bonnes classes ou n'importe, et au niveau de la promotion, n'en parlons pas, ça n'existe pas. Même ce qu'on pourrait donner aux autres, les conseils ou bien les suggestions, les ouvertures, personne n'en a rien à faire. C'est du temps tout simplement perdu. Et pour cela je trouve que l'OFAJ fait un bon boulot. Et à tel point d'ailleurs, je l'ai entendu en dehors du milieu franco-allemand que, finalement, ça sert de référence pour d'autres. Au niveau de l'Europe il y a beaucoup d'autres institutions qui lorgnent vers l'OFAJ pour augmenter des choses similaires, notamment pour la mobilité des profs [Laurent, F/34].

Dans ce récit se dit un cheminement subjectif marqué par des aspirations à accroître progressivement ses compétences, à évoluer dans l'exercice de son métier. En même temps, tous ces signes qu'il a donnés pour se distinguer se heurtent douloureusement à un déficit de reconnaissance officielle. Il prend conscience que son désir de reconnaissance par l'institution agit comme moteur et comme motif pour s'orienter non pas vers un abandon de ses visées personnelles mais vers une autre scène qui lui offre à la fois la possibilité de continuer à se former au métier en étendant son champ d'exercice, et de recevoir enfin un retour valorisant sur son investissement. Son récit s'organise donc autour d'un avant la mobilité et d'un après, des motivations qui président et des changements qui s'ensuivent. En ce sens, raconter sa vie ou des pans de sa vie c'est « tisser des liens entre les événements vécus, discontinus, pour en faire une histoire qui a un sens pour soi » (Christen-Gueissaz, 2002).

Afin que l'auditoire puisse reconstituer sa démarche, il arrive fréquemment que le narrateur prenne de l'élan dans son passé pour encadrer le moment de rupture d'une évocation de tous les éléments, des particularités de la carrière, des incidents ayant un lien direct ou indirect avec la décision de partir :

> J'ai jamais passé le CAPES parce que je me suis mariée très jeune, j'ai fait des études d'allemand et, étant mariée, on me disait : « Vous n'aurez jamais le CAPES puisque vous êtes mariée, vous avez mis la charrue avant les bœufs, vous ne pouvez pas partir en Allemagne puisque vous êtes mariée. » C'était il y a trente ans. [...] Donc voilà, en fait à dix-huit ans, on m'a cassée parce que j'étais mariée. J'étais mal vue. Et que je n'allais pas pouvoir évoluer, faire une carrière dans l'enseignement du second degré. Donc j'ai passé le concours d'instit que j'avais essayé de passer avant, parce que je voulais absolument enseigner et puis j'ai eu le concours à l'époque, puis je suis devenue instit [Corinne, F/49].

Cette sélection dans la chaîne de souvenirs correspond à ce que Bertaux (1986) nomme « le lissage », de mise en cohérence de la présentation de soi. Lieu de cristallisation de l'histoire, elle sert à justifier une suite d'événements qui donneront à la rupture la forme d'un choix, d'une décision, d'un hasard ou peut-être d'une nécessité. Ainsi, Corinne choisit-elle de présenter son séjour en Allemagne comme une victoire, tardive, certes, sur la domination symbolique exercée par la hiérarchie institutionnelle sur ses aspirations personnelles au début de sa carrière et qu'elle avait ressentie comme humiliation autant que comme entrave à son évolution professionnelle. En réactivant par l'imitation des voix les propos blessants tenus alors à son encontre « Vous n'aurez jamais le CAPES puisque vous êtes mariée, vous avez mis la charrue avant les bœufs, vous ne pouvez pas partir en Allemagne puisque vous êtes mariée », elle signale que le mépris qui l'a « cassée » trente ans auparavant a agi comme déclencheur d'un itinéraire professionnel qui l'a finalement amenée à se porter candidate pour un poste en Allemagne et de mettre ainsi sa valeur à l'épreuve en dehors de l'institution. Si sa souffrance, causée par la déconsidération et le mépris, ressurgit à plusieurs reprises pendant les entretiens, ce sera selon une logique qui permet d'appréhender la narration de son déplacement spatio-temporel comme une démonstration signifiant : « C'est ainsi que je suis devenu moi » (Lejeune 1975 : 241) et de le lire comme récit d'une convalescence identitaire.

« Partir, c'était aussi ça, c'était repartir »
Les phases d'une carrière d'enseignant

De nombreux ouvrages développant une approche biographique sur le déroulement de carrière des enseignants ont montré qu'une carrière enseignante est marquée par des phases ou stades qui peuvent s'enchaîner de différentes manières : « Le développement d'une carrière est un processus, non pas une série d'événements. Pour quelques-uns, ce processus peut bien paraître linéaire, mais pour d'autres il y a des plateaux, des régressions, des culs-de-sac, des déclics, des discontinuités. » (Quinson, 2004)

Hubermann (1989) pose les questions suivantes : « Y a-t-il des "phases" ou des "stades" dans l'enseignement ? Est-on plus ou moins "satisfait" de sa carrière à des moments précis de sa vie professionnelle ? Y a-t-il des moments de crise qui touchent une population importante ? Qu'est-ce qui distingue, en cours de carrière, les enseignants qui finissent dans l'amertume de ceux qui finissent dans la sérénité ? » Pour illustrer le déroulement d'une carrière selon des phases, il propose le schéma suivant :

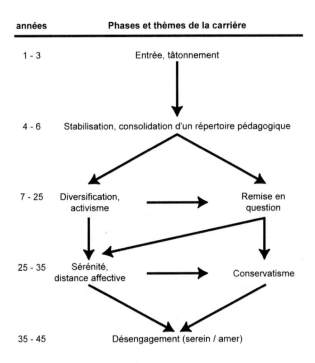

Les cycles de la carrière enseignante (source : Quinson, 2004 : 499)

On note en particulier deux périodes pouvant correspondre à une crise de carrière : d'une part, les trois premières années de « tâtonnement » et d'autre part la « remise en question » qui peut intervenir à partir de la septième année d'exercice professionnel. On s'interroge alors, avant la stabilisation définitive, sur l'engagement, les rapports avec les élèves, la maîtrise des tâches pédagogiques, les relations avec les collègues et l'équilibre entre aspirations personnelle et professionnelle :

> Je commençais à m'installer un peu dans une certaine routine en France et je commençais à saturer. Donc, partir en Allemagne c'était aussi ça, c'était repartir. Ça faisait cinq ans que j'étais en maternelle, et tous les ans pour Noël on ressortait le même bricolage, on ressortait le même Saint-Nicolas, au bout d'un moment, je ne supportais plus mon aide-maternelle, j'ai eu des problèmes avec elle et mon directeur. Et là, moi j'ai dit je ne vais pas rester comme ça. Si déjà au bout de cinq ans, j'en ai marre et si au bout de cinq ans je ne fais même plus l'effort de refaire des nouvelles choses, si je ressors le vieux Saint-Nicolas, j'ai dit : voilà, vingt-cinq ans sur le même poste, je vais être vieux et aigri, et ça moi je ne le supporterais pas [Laurent, F/34].

On relève dans ces remarques que le sentiment de routine s'associe à l'impression d'une trop grande maîtrise qui risquerait de dériver vers une facilité qu'il récuse, car elle serait annonciatrice de résignation et d'abandon d'un idéal professionnel pour lequel il s'était engagé.

Arrivés à un état d'essoufflement, certains présentent leur désir d'évasion en termes d'un bol d'air vital :

> J'étais extrêmement motivé, pour moi, ça allait être de nouveau une bouffée d'oxygène, parce que, comme presque tout le monde l'a dit, la routine, ça m'épuise, je ne supporte pas [Mathieu, F/44].

À cette interruption passagère, sorte de récréation qui permettrait la recréation des choses, et de soi, est lié l'espoir de reprendre le métier avec des forces nouvelles :

> Ce qui a fait que je suis partie en Allemagne ? C'est peut-être un peu un ras-le-bol de l'école où j'étais à ce moment-là et quand le papier est arrivé, l'échange franco-allemand, je me suis dit : tiens pourquoi pas, ça me ferait du bien de changer d'air, de faire une autre expérience [Michèle, F/46].

Présenté ainsi, le départ dans l'école de l'autre peut se concevoir comme un refus de ne pas s'enliser dans une routine professionnelle quotidienne présageant un certain renoncement intérieur : « Partir en Allemagne c'était aussi ça, c'était repartir » [Laurent, F/34].

Essoufflement professionnel et désir d'évasion

À regarder de plus près l'âge, la durée de carrière et le moment auquel est prise la décision de partir, force est de constater que les départs interviennent effectivement pour les plus jeunes dans les années de tâtonnement, et pour les plus âgés dans les phases de remise en question, soit environ après dix ans de carrière. Mais parfois aussi après plus longtemps encore, puisque l'échange se situe pour les plus jeunes à environ un à deux ans après l'entrée dans le professorat (phase des tâtonnements) et de dix à quinze ans pour les plus âgés (phase des remises en question). Décrivant ses efforts pour varier régulièrement ses activités professionnelles par des formations, des réorientations au cours de sa carrière, Paule les commente en ces termes :

> Et ça c'est bien parce que je me dis je n'ai pas fait toujours la même chose et grâce à cette possibilité-là je ne m'ennuie pas après trente-trois ans d'ancienneté. Alors qu'on pourrait se dire instit, franchement trente-trois ans, c'est à se tirer une balle dans la tête. Mais pas du tout, j'ai l'impression de faire un nouveau travail [Paule, F/53].

La plupart des instituteurs qui ont pris part aux entretiens présentent des parcours traversés par une dynamique progressive consistant à élargir leurs compétences et à diversifier les expériences. Si cette « stratégie du curriculum vitae » est indispensable dans la grande majorité des domaines professionnels, elle ne correspond pas, selon Quinson (2004 : 193-194), au système de valeurs professionnelles historiquement dominantes au sein de l'institutorat : « Il n'est en effet pas courant de revendiquer une telle posture professionnelle dans l'univers des instituteurs, du moins jusqu'à une époque récente. » Toutefois, des travaux portant sur les nouveaux entrants dans le métier montrent « qu'une visée stratégique et une anticipation des évolutions de carrière deviennent plus fréquemment (plus facilement ?) envisageables pour les enseignants du premier degré » (*ibid.*). Vue sous cet angle, la mobilité des enseignants dont il est question ici est investie d'une charge symbolique qui la différencie de manière saillante de la mobilité des jeunes. On est, certes, instit, mais pas qu'instit, on ambitionne autre chose. La diversification des activités professionnelles et l'élargissement graduel des domaines d'intervention dans les parcours de la plupart des participants, peuvent expliquer les raisons pour lesquelles ils ont envisagé un jour le déplacement spatio-temporel comme l'espace des possibles, comme lieu crucial de formation et de reconnaissance, nécessaire pour retrouver une estime de soi souvent mise à mal sur la scène sociale. Des problèmes plus ou moins importants avec des supérieurs hiérarchiques ou des collègues ne font que renforcer la décision :

> Le point de départ c'était, qu'à l'école, dans laquelle j'étais en Allemagne, j'étais insatisfaite. J'avais de gros problèmes avec le directeur d'école. Avec les collègues, ça allait à peu près [Heidrun, D/47].

De telles insatisfactions dessinent en creux des situations pouvant conduire à un désir de changement, d'interruption, ou encore, à un passage de frontière sous la forme d'un déplacement spatio-temporel d'une durée moyenne :

> C'est vrai que c'est un tremplin, on recherche l'expérience nouvelle, la progression et le changement dans nos pratiques, des pistes nouvelles, des orientations nouvelles et c'est, je crois, pour ça qu'on est là [Mathieu, F/44].

Loin de procéder d'un désaveu, voire d'un reniement du métier, le désir de s'évader provisoirement d'un milieu professionnel ressenti comme étriqué et de plus en plus pesant procède plutôt d'un attachement et d'une fidélité affective au métier. En tendant de toutes ses forces vers d'autres lieux pour mieux s'y accomplir, pour pouvoir y déployer de nouveau tout son potentiel, on fait en effet la démonstration de ne pas vouloir glisser vers une banalisation de ce métier auquel on est attaché, mais dans lequel on commence à se sentir trop bien installé et dans lequel il semble ne plus y avoir de défi à relever.

Redonner sens au métier

Partir pour réenchanter le rapport au métier tout en restant loyal à l'idéal que l'on avait en s'engageant dans la carrière, voilà qui semble être à la fois un des mobiles principaux et une des aspirations dynamiques quasi vitales des instits interrogés. Dans son étude, Quinson fait le même constat au sujet des professeurs ayant quitté le métier d'instituteur pour s'orienter vers d'autres professions : « À la lecture des réponses des participants à notre enquête, leur reconversion professionnelle ne peut pas être interprétée comme une fuite ou un abandon. Ils restent très perméables à une vision de l'excellence professionnelle liée à "l'amour des enfants" qui domine chez les instituteurs en poste. [...] Nous pouvons voir que, dans une très large mesure, les répondants déclarent avoir été plus motivés par l'attrait du nouveau métier que par le rejet de certains aspects du métier d'instituteur. Cette dimension positive, dynamique du choix, ressort également très nettement dans l'analyse des réponses aux questions ouvertes et des entretiens. Dans la plupart des réponses, la motivation principale avancée par les répondants n'est pas de quitter la classe mais plutôt d'aller vers autre chose. » (2004 : 512) Malgré l'état d'essoufflement professionnel évoqué dans la plupart des témoignages, les participants à notre étude n'envisageaient ni des reconversions professionnelles, ni d'éventuelles sorties de l'institutorat. En revanche, ils ont opté pour une sortie provisoire pour aller vers un ailleurs sans doute investi de rêves et d'espoir, car « l'ailleurs est un gisement pour l'imaginaire et ajoute au sentiment d'identité trop terne du rêveur un supplément d'âme, un frémissement intérieur qui lui murmure déjà que la légende est accessible et qu'il suffit de franchir le pas. L'ailleurs est d'abord une nostalgie, une critique du moment présent insuffisant à assurer le goût de vivre » (Le Breton, 1996 : 42).

Comme nous venons de le voir, la participation au programme procède en grande partie du besoin de redonner sens à sa vie professionnelle. Dans un contexte général de malaises et d'interrogations multiples, le séjour prolongé dans un quotidien professionnel inconnu est perçu comme une cure de jouvence et renaissance à ses ressources créatrices :

> Je suis tout à fait d'accord avec le fait qu'il y ait une routine qui s'installe dans le métier, tous les ans on remet le couvert, mais parfois même la routine a du bon, il y a un côté tout à fait confortable qu'on peut tout à fait comprendre parce qu'on l'a aussi expérimenté. Mais voilà, quand ça ronronne depuis trop longtemps, à un moment donné on a envie de faire autre chose, ça c'est clair. Et ce programme permet justement une ouverture exceptionnelle [Sonia, F/42].

Si la participation au programme se conjugue pour certains avec l'espoir de constituer un atout dans la carrière, d'une valorisation institutionnelle lors du retour pouvant se traduire, par exemple, par une promotion dans la carrière, une affectation à un poste fléché, ou encore des responsabilités nouvelles, il arrive aussi qu'elle se conçoive comme sorte de récompense, de cadeau que l'on s'offre à soi-même, suite à une réussite professionnelle, un avancement ou changement de statut. Ainsi, l'enseignant cité dans l'extrait ci-dessous venait d'obtenir enfin, à plus de soixante ans, le statut de fonctionnaire et il s'offrit l'échange en cadeau :

> Et alors j'avais en tête, tu vas être titularisé, et je tombe par hasard sur une annonce comme quoi il y a un échange pour les professeurs titularisés et j'ai pensé : ça c'est pour toi. [Heinz, D/62].

Un cadeau plein d'inattendus toutefois. À son arrivée à Cergy-Pontoise, il était censé enseigner dans douze écoles :

> Dans un premier temps on voulait m'attribuer d'office douze écoles et lorsque ma tutrice a dit : « Douze écoles c'est franchement impossible, on n'y arrive pas en une journée », on a réduit à huit écoles. Pour moi ça voulait dire de courir à chaque pause entre les cours d'une école à une autre. Et comme la plupart de ces écoles étaient éloignées l'une de l'autre, je devais vraiment me dépêcher. M'habiller, prendre le vélo, arriver, enlever le manteau, reprendre le cours [Heinz, D/62].

Compte tenu des représentations sociales associées à « l'instituteur », annoncer un mal-être professionnel et envisager une évasion représente le risque d'être considéré par les pairs comme manifestation d'un échec personnel, ou signe de difficultés impliquant une remise en cause de ses propres aptitudes professionnelles. Même l'aveu d'une lassitude ou l'aspiration vers un accomplissement personnel semblent frappés d'un tabou. Lorsque ce sujet émerge dans les entretiens, certains se rappellent tout d'un coup de la présence du magnétophone : « Oh, je ne sais pas s'il faut enregistrer ça, parce que ce qui a fait que je suis partie en Allemagne, c'est peut-être un peu le ras-le-bol de l'école où j'étais à ce moment-là ».

« Désormais, je suis fière de mon métier » : de la quête de (re)connaissance à la reconquête de l'estime de soi

La participation au programme d'échange engage des représentations positives liées à tout processus de mobilité : opportunité de changement, d'enrichissement personnel et professionnel, élargissement des connaissances sur une culture différente, perfectionnement linguistique.

> C'est mieux que de changer de niveau des classes ou de changer de département ou de demander un exéat pour aller dans le Sud ou dans le Nord de la France, enfin bref c'est carrément : on change de système scolaire, on change quasiment de civilisation. [Mathieu, F/44].

Puisqu'on « change de civilisation », on ne se projette plus seulement comme un instituteur en poste, mais comme un « instituteur-médiateur » entre les langues et les cultures et on développe une conscience interculturelle :

> Il ne faut pas perdre de vue non plus qu'on arrive aussi avec nos différences. Et ces différences, il faut les appréhender comme une richesse et pas comme une faiblesse ; il y a des choses qu'on ne va pas savoir faire, des choses auxquelles on n'est pas habitué puisque ce système dans lequel on arrive ne nous est pas familier, mais justement avec nos petites différences et bien ça met un peu de *peps* dans les établissements dans lesquels on est amené à travailler et du coup ça crée une dynamique, ça crée du contact, ça crée des échanges de pratiques pédagogiques qui sont extrêmement riches. Et du coup lorsqu'on rentre en France on peut aussi utiliser ce dont on s'est imprégné pendant notre expérience [Annick, F/52].

L'attente d'une valorisation de l'expérience acquise, d'un espace pour déployer les nouveaux savoir-faire pédagogiques, les savoirs-être interculturels, ainsi que la perception de ses propres métamorphoses identitaires et professionnelles – tout cela concourt au sentiment d'une plus-value.

Sentiments partagés de dévalorisation socioprofessionnelle

En s'engageant dans l'échange au nom de valeurs qui débordent le cadre habituel de l'école, l'instit mobile espère valoriser sa condition. D'autant qu'il n'est pas rare que les instits construisent d'eux-mêmes et de leur métier une représentation péjorative, se faisant écho de discours externes de dénigrement ou internes d'auto-dénigrement (« on n'est que des instits »), relevant de l'idéologie et de représentations sociales collectives. Le thème de la dévalorisation socioprofessionnelle du métier d'instituteur émerge dans de nombreux témoignages, aussi bien du côté allemand que du côté français.

> Je trouve que l'image qu'on me renvoie en étant un homme, enseignant, ce n'est pas une réussite sociale. C'est-à-dire, un homme c'est ingénieur, c'est chef d'entreprise, des postes beaucoup plus élevés et moi, j'ai commencé en maternelle, et les gens, on me l'a dit, ils ont imaginé primo que j'ai moins bien réussi le concours que les autres et c'est pour cela que j'ai eu la maternelle. Sans vouloir exagérer, je n'ai jamais été fier de dire que je suis fonctionnaire et que je suis prof. Je ne suis pas fier. J'adore mon travail, ce que je fais, la voie sur laquelle je m'engage, j'adore, je m'éclate. Mais quand on me demande mon métier, je ne suis pas fier de mon métier. Je ne suis pas fier de mon identité sociale [Laurent, F/34 ; approbation générale].

Si le doute sur sa valeur sociale s'accroît, il est peu à peu incorporé dans une identité de victime et la force de contrer ce que l'on ressent comme stigmate faiblit. Le sentiment de déconsidération sociale va inévitablement de pair avec une absence de confiance en soi qui s'exprime dans la réticence à parler de son métier pour lequel on éprouve presque de la honte :

> J'ai appris à être fière de mon métier. Avant, je n'aimais pas raconter que je suis instit. En Allemagne être instit c'est : ah bon, t'es instit. Tu peux aussi bien dire : je suis coiffeuse. Donc, j'ai vraiment eu honte. Et on ne s'est pas gêné de se moquer de moi, du style : « Ah, ah, avec les petits petits, hein ? » Et j'ai vraiment eu honte de mon métier [Sabine, D/41 ; approbation générale].

En fait, ce sont les conflits de reconnaissance qui « dynamisent la production identitaire », et comme l'écrit Todorov (2002 : 27), « chez l'homme moderne, l'appétit de reconnaissance est désespérant ». Le statut, les rôles, les places, les fonctions sociales n'étant jamais totalement assurées, nous passons notre temps à « guetter l'admiration, l'amour, l'approbation dans le regard de l'autre ».

En tout état de cause, réel ou relevant de représentations sociales entourant le groupe professionnel, le sentiment d'être en butte à du mépris semble avoir agi de déclencheur pour la participation au programme :

> « C'est à nous d'entreprendre des choses pour nous valoriser nous-mêmes. Sinon on est oublié » [Mathieu, F/44 ; approbation générale].

Ainsi, la quête de l'estime de soi est un réservoir d'énergie qui permet de relever des défis en affrontant des situations plus ou moins confortables.

Remédier aux blessures narcissiques dans la mobilité

La participation au programme relève dans ces cas d'une démarche plus ou moins consciente pour remédier à une blessure narcissique en mettant sa valeur à l'épreuve dans un ailleurs. L'acceptation de sa candidature est alors la première preuve tangible qu'on possède bien des compétences reconnues par d'autres, à l'extérieur du strict cadre scolaire national.

D'avoir rompu provisoirement avec une solidarité conformiste à la collectivité des pairs, avec une dynamique identitaire fusionnelle, participe à retrouver une fierté du métier et surtout une image positive de soi-même :

> J'ai copié sur les Français et depuis que j'ai repris en Allemagne, je suis de nouveau fière de mon métier. J'aime le faire et je le répète maintenant à qui veut l'entendre. Je m'aperçois aussi de certains trucs, par exemple une de mes amies, elle dit : « Quand même, je vais pas prendre une femme de ménage. On va où, si nous, instits, on prend une femme de ménage ? » Et alors ? Moi, je travaille avec les enfants de tout le monde. Et si j'ai pas le temps de faire le ménage, alors je prends une femme de ménage. Où est le problème ? Je vais bien au restaurant, où d'autres personnes font la cuisine pour moi. J'ai pas de problèmes avec ça [Sabine, D/41].

Les conflits identitaires latents qui se notent dans ces remarques témoignent d'un malaise profond. La mobilité a permis de mettre à distance les représentations collectives stigmatisant le groupe professionnel auquel on appartient et d'entreprendre un important travail de convalescence, consistant à concilier la tension entre volonté de réussite personnelle, loyauté au métier, entre dévouement et souci de soi. En ce sens la mobilité des enseignants est à comprendre autant comme quête de connaissance que comme quête de reconnaissance, parfois motivée par l'idée diffuse d'une revanche à prendre sur son destin social, professionnel, parfois personnel, sur des rêves avortés – « réaliser le souhait que j'avais lorsque j'étais étudiante » – tout comme sur le manque de considération de la part de l'institution, des supérieurs et de l'entourage social.

« On est parti là-bas et c'est vrai qu'on est marginaux, on n'est pas les mêmes qu'avant »
Une marginalisation revendiquée et emblématique

Le départ et ses motivations avouées ou inavouées vont inscrire l'instituteur mobile dans une logique de distinction sociale par rapport aux collègues « immobiles ». D'avoir relevé l'épreuve de l'étranger et bravé le stress devant l'inconnu – « en Allemagne, au début, j'allais dans certains cours, la peur au ventre. Cela ne m'était plus arrivé depuis plus de vingt ans » – renforce le sentiment de distinction :

> On remet tout à plat et ce qu'il ne faut surtout pas perdre de vue, c'est qu'on part souvent avec nos appréhensions, avec le sentiment de se dire : est-ce que je vais réussir ? Est-ce que je ne vais pas craquer ? [Mathieu, F/44].

La posture offensive visant à restaurer par le déplacement une image dévalorisante du corps professoral auquel on appartient et auquel on tient malgré tout, conduit à se distancier des « sédentaires », des collègues qui, aux yeux des « mobiles », manqueraient d'ambition, d'envergure et à qui on reproche leur conformisme et leur immobilité :

> Je suis dans une école bilingue où la plupart des collègues ont fait l'échange et il y a vraiment une différence entre les gens qui ont fait l'échange et les autres. Parce que je trouve que les gens qui ont fait l'échange sont beaucoup plus ouverts, ce sont des gens qui se remettent automatiquement en question. Déjà le fait de partir à l'étranger, c'est se remettre en question, c'est remettre presque toute sa vie en question, à partir du moment où on est marié ou on a des enfants, moi je n'ai pas d'enfants mais je suis mariée donc ça a aussi été problématique à un certain moment [Heidrun, D/47].

Dans cette logique de distinction, le sentiment d'affiliation aux pairs et d'appartenance au corps collégial peut se voir remis en question, ce qui se traduit souvent par le sentiment d'être « marginal » : « On est parti là-bas et c'est vrai qu'on est marginaux, on n'est pas les mêmes qu'avant ». Ce statut de marginal est investi avec une certaine fierté et incite à se positionner de manière critique vis-à-vis des pairs :

> On est des gens moins routiniers, c'est-à-dire qu'on accepte beaucoup plus facilement le changement ; je le remarque et ça va même jusqu'au travail, ça va jusqu'au détail quoi, des habitudes de classe, tout ce qui est lié à la vie de classe, on arrive beaucoup plus

> facilement à les modifier et à les modeler chez des gens comme nous que chez des instits qui sont routiniers. Et qui veulent rester comme ça vingt-cinq ans sur leur poste, c'est un cauchemar ça, vingt-cinq ans sur le même poste ! [Laurent, F/34].

La marginalité devient ainsi l'emblème identitaire du groupe des mobiles. Pour Centlivres (1986), les emblèmes ont une fonction mobilisatrice qui devient plus active dans des situations de crise ou de pression. Ils sont des signes d'une résistance à la minorisation et à la marginalisation. Dans la séquence ci-dessus, Laurent catégorise les instits mobiles de « gens moins routiniers ». Cette identification est perçue comme une immanence de l'être, correspondant à une identité de fait, une structure subjective en apparence stable. Elle fait partie de la construction imaginaire de l'être car, chaque individu connaît à la fois une « unicité et fragmentation » (Lahire, 2001 : 25), une mêmeté de soi et une altérité de soi : il se sent ou se projette un tel ou un tel, sans toutefois être toujours le même. L'identité personnelle que construit Laurent de lui-même et des individus participant à l'échange s'assimile à un emblème, à une identité de valeur.

À partir de cette catégorisation identitaire corrélée au positionnement en marge, il est tentant de juger et de légitimer, en pointant les différences, le maintien d'une extériorité et d'exprimer des jugements de valeur dépréciatifs à l'égard des compétences professionnelles des pairs. On note ainsi, dans les discours, des stratégies de distanciation – stratégies qui ne sont pas exemptes d'une certaine violence symbolique. Il n'est pas rare que les collègues sédentaires soient regardés avec condescendance, teintée d'arrogance et parfois même de dédain, comme l'illustre le dialogue suivant extrait d'un des entretiens collectifs :

> [Paule] : Moi, j'ai une collègue qui fait depuis trente ans du CP dans la même école et/
>
> [Christine] : Ah ça, ils ne s'ennuient pas ces gens-là !
>
> [Michèle] : Ils ont un sacré tempérament, ils sont/
>
> [Paule] : ils sont vaccinés contre l'ennui (rires)

Dans ce stéréotypage polyphonique, l'énumération des caractéristiques « Ils sont vaccinés contre l'ennui, ils ne s'ennuient pas ces gens-là », contre « On est des gens moins routiniers, c'est-à-dire qu'on accepte beaucoup plus facilement le changement », participe à valoriser l'engagement dans la mobilité, et à l'inverse, à critiquer l'immobilité des collègues. Puisant dans un savoir commun, les locutrices semblent connaître à l'avance et sans concertation aucune les contributions qu'il convient de fournir. La valorisation implicite de la mobilité revêt une fonction d'affirmation identitaire saillante, mais à l'opposé, elle fonctionne comme stigmate qui rabaisse et dévalorise des comportements différents en enfermant ceux qui en sont l'objet dans une catégorisation négative. De sorte que de telles stratégies identificatoires permettent ou mettent en place un discours de la différence qui s'apparente à une « camisole de force pour soi et pour autrui ». Dans un tel discours, l'autre est figé dans une infériorité qui ne peut être que définitive. Elles développent, en revanche, un sentiment d'appartenance à une communauté qui se crée autour du partage de l'expérience mobilitaire et des valeurs qu'on lui associe.

Chez les collègues, le départ provisoire d'un pair soulève parfois des sentiments oscillant entre envie et critiques, car quitter son école va à l'encontre de discours convenus entourant la condition d'instit : celui qui part refuse de se laisser réduire à une seule appartenance professionnelle ou une essence sociale et prend sa liberté en faisant le choix de la distinction.

On comprend, dès lors, que la logique de distinction, le sentiment de marginalité et les attentes liées à la valorisation de l'expérience sont sans commune mesure avec celles des jeunes qui partent dans le cadre de la mobilité académique, même si le thème de la reconnaissance et de la valorisation est récurrent et transversal à toutes les formes de mobilité. Comme nous le verrons plus loin, ces enjeux symboliques vont non seulement peser sur la manière dont l'échange sera vécu individuellement, mais aussi sur le processus de réadaptation et de réinsertion lors du retour.

Chapitre 5

Un désir latent de l'ailleurs

« Ça s'est fait totalement par hasard »...
cette main du destin qui invite au déplacement

Des decisions spontanées

Le moment déclencheur est souvent présenté sous forme d'un scénario semblable à celui des récits initiatique où le héros part un beau jour de façon volontaire, ou contrainte, souvent inexpliquée, vers l'inconnu, pour une quête, pour résoudre une énigme, pour se trouver soi-même ou sa place dans la société (Gerber, 2008). Ainsi, par exemple, certains attribuent leur départ au hasard. Cette main du destin, qu'on s'est décidé de saisir, c'est le « papier » relatif au programme qui arrive un jour, l'information dont on prend fortuitement connaissance. On l'entend comme un appel de la vie à ne pas manquer, qu'on nomme pudiquement ou faute de mieux « le hasard » :

> Donc moi, ça s'est fait totalement par hasard : j'étais enseignant en maternelle et je commençais à mettre en place des projets franco-allemands d'échange avec un *Kindergarten* de Sarrebruck, qui s'est fait aussi par hasard parce qu'une amie travaille à Sarrebruck. Et elle cherchait un correspondant français, et donc j'ai mis en place des activités dans ma classe ; alors l'inspecteur m'a dit que si je voulais continuer, il fallait que je passe l'habilitation d'allemand, et à l'habilitation d'allemand on nous a présenté le projet. Voilà, et donc je voulais changer d'école, je voulais changer un petit

peu de travail et voilà, c'était l'occasion pour moi de partir, c'était un pur hasard. [Laurent, F/34].

La décision de partir est présentée ici comme un enchaînement de faits et d'événements arrivés de façon inopinée, mais néanmoins cohérente et logique, tout en admettant un désir latent de changement qui n'osait pas toujours s'afficher. Parfois, la tentation du « là-bas», comme dit la narratrice dans l'extrait ci-dessous, active des dispositions spontanéistes (Lahire, 2002), à savoir que les choses sont prises comme elles viennent, et l'on se décide de manière impulsive, presque dans une sorte d'état second. On n'en mesure pleinement les conséquences qu'en étant confronté à la réalité :

> Je n'ai absolument pas/ comment dire ? prémédité, j'ai pas réfléchi sur le fait que je partais à l'étranger un an. J'ai eu la claque au stage d'accueil et là j'étais vraiment pas bien, je me suis dit : Oh la la, je m'en vais un an, qu'est-ce que je vais aller faire là-bas ? [Stéphanie, F/36].

D'autres s'étonnent, comme Thomas, encore a posteriori, d'avoir un jour osé cette sortie d'un monde ronronnant d'habitudes et de certitudes pour se lancer vers l'inconnu :

> Je n'aurais jamais pensé qu'un jour je quitterais mon bled. Cela me suffisait, j'étais content. Même si la semaine j'habitais à X, les week-ends je rentrais chez moi, j'avais le club de volley, j'ai construit une maison, etc. [Thomas, D/43].

Certains sont xénophiles et se disent tout simplement fascinés par l'étranger. Leur mobilité prend place dans une disposition mobilitaire personnelle, qui peut remonter à l'enfance :

> Moi, j'ai toujours eu de la fascination pour l'étranger. C'est-à-dire que quand j'étais petit, je partais toujours en colo. Ma première colo était dans les Vosges, ça m'avait plu. La deuxième était en Italie, donc j'avais dix ans et, quand je suis rentré, j'ai dit à mes parents : « Je veux toujours partir là où on ne parle pas français. » Et ma mère, elle a un petit peu halluciné quoi, parce qu'à dix ans, déjà, je disais ne m'envoie pas en colo en France, ça m'ennuie je voulais déjà partir à l'étranger, voir autre chose. Et quand j'étais petit j'étais fasciné d'être en vacances dans un endroit où rien n'était pareil quoi, les bâtiments étaient différents, l'alimentation était différente. Pour moi c'était une fascination pour l'étranger [Laurent, F/34].

Inscrire sa mobilité dans un patrimoine individuel et familial

Aussi bien dans les entretiens que dans l'enquête par questionnaire on constate une tendance assez marquée à la sédentarité de l'environnement familial (parents, fratrie), qui ne reçoit pas toujours avec enthousiasme le projet de mobilité, comme nous le verrons plus loin. Toutefois si la participation à l'échange peut se heurter dans certains cas à l'incompréhension, car en opposition avec une dynamique familiale d'immobilité, il arrive aussi que le désir de mobilité paraisse comme inscrit dans un héritage culturel et idéologique familial :

> Ma mère avait été fille au pair dans les années 60 à Paris et, au fond, j'ai refait ce que ma mère avait déjà fait à l'époque [Thomas, D/43].

En examinant les références à la socialisation, on peut relever la présence de figures parentales dont l'exemple a pesé en faveur de la prise de décision. Originaire de l'ex-RDA, le père de Marie était entraîneur de l'équipe olympique de natation. Ce statut lui donnait la possibilité de voyager à l'étranger et les récits de ses difficultés linguistiques ont fortement influencé Marie dans ses choix professionnels et dans sa relation aux langues :

> Mon père a souvent parlé de ses voyages à l'étranger et des problèmes qu'il rencontrait parce qu'il ne maîtrisait pas la langue. Il avait quinze ou seize ans à la fin de la guerre, il n'a donc pas pu aller à l'école. Les écoles étaient fermées, il ne savait pas non plus écrire correctement et il en a toujours souffert. Et puis à l'étranger, c'était terrible, il n'arrivait pas à se faire comprendre. C'est donc pour ainsi dire le message que m'a transmis mon père à travers son éducation : il faut pouvoir se faire comprendre, cela évite de se taper dessus. Cela permet en effet de s'expliquer mutuellement ce que l'on pense et ce que l'on veut dire [Marie, D/56].

Marie inscrit donc son goût pour l'étranger et les langues dans un héritage idéologique légué par le père, dans une logique de transmission et de continuation, voire de dépassement, puisque contrairement à son père, elle a commencé l'apprentissage des langues très tôt.

C'est aussi le cas de Juliane, qui présente son choix comme une sorte de procuration que lui aurait confiée sont père afin d'accomplir un projet que lui-même n'a pu réaliser :

> Mon père aurait aimé faire ce que j'ai fait. Quand il était jeune, on lui avait proposé un job en Arabie Saoudite, mais comme sa mère était gravement malade, il ne l'a pas accepté. C'est pour ça qu'il a compris à cent pour cent ma décision [Juliane, D/36].

Le rôle d'autrui dans l'aspiration vers l'ailleurs

Outre les références à des figures parentales, on relève dans les entretiens l'importance des autres dans la trajectoire menant à la mobilité.

Les participants se rappellent en particulier des rencontres passées, éphémères et en apparence aléatoires, mais dont la signification pour le parcours ultérieur se déploie soudainement au cours des narrations :

> Ah oui, je me rappelle le premier échange scolaire. Mon Dieu, le beau Pierre-Yves !, je m'en rappelle encore comme si c'était hier. Il était là, devant moi, et moi, je me disais : Ben voilà, c'est le Français. Mon Dieu oui, le gars typique du Midi, avec ses boucles noires et moi je pensais : C'est ça, la France. Et je crois que c'est ce genre de truc qui fait qu'un jour on part en France. En fait, c'est sûrement à cause de Pierre-Yves [Nadine, D/32].

Dans l'extrait suivant, la narratrice décrit le rôle qu'a joué une rencontre fortuite dans sa décision de candidater au programme d'échange. Déjà très engagée dans les échanges scolaires, elle participait à une sortie de classes vertes française et allemande dans les Vosges :

> Et puis il y avait là avec la classe française une Berlinoise qui a fait une randonnée avec nous. On a commencé à discuter : comment t'es venue de Berlin à Colmar ? Comment tu as fait ? Comment on fait pour venir de Berlin à Colmar ? Pour moi, c'était un mystère. Et puis alors, elle m'a parlé du programme [Barbara, D/53].

Comme le montrent ces séquences, se raconter à d'autres fait comprendre le rôle d'autrui dans sa vie et « donne des significations nouvelles à l'expérience du narrateur, lui confère une nouvelle maîtrise de son existence, un rôle d'acteur, c'est-à-dire le transforme lui-même en retour » (Gohard-Radenkovic, 2008).

« Je suis partie après avoir fait des couches-culottes pendant quinze ans » : se libérer d'attaches

Il arrive que la décision soit prise en opposition avec l'univers socialisateur. Se remettre dans la situation du moment où les choses étaient décidées a révélé des hésitations et des ambivalences entre dispositions socialisatrices et aspirations personnelles. La participation à l'échange est alors l'opportunité, même tardive, de se soustraire à une emprise parentale jugée avec le recul trop protectrice. Réagissant contre l'attitude de ses parents qui l'avaient toujours empêchée de participer à toute forme de séjour à l'étranger, Margot présente sa participation à l'âge de cinquante ans comme rupture et forme d'émancipation. Contrairement à ses parents, elle a toujours encouragé ses deux filles à voyager et à participer, dès que l'occasion se présentait, à des échanges. Ses enfants étant majeurs, elle décide de partir à son tour :

> Mes parents m'ont élevée exactement dans le sens contraire : la fille doit être protégée. Alors je me suis dit, quand mes filles étaient

> assez grandes pour que je puisse les laisser seules maintenant, moi aussi je veux faire cette expérience, je veux m'imposer dans un pays inconnu. C'était ça ma motivation première [Margot, D/50].

Ne pas se montrer fidèle aux attentes familiales, au risque d'être incompris ou traité d'ingrat, permet non seulement de s'affranchir de schémas déterministes, entraînant des postures de fatalité et de passivité, mais de s'engager dans un processus de reconversion identitaire. Même si cela peut surprendre de la part d'adultes, la rupture avec un univers socialisateur contraignant, s'opposant aux projets d'accomplissement personnel, se traduit pour certains par le sentiment d'avoir « grandi » :

> Moi, je dirais que j'ai pris énormément de confiance en moi. Donc, j'ose faire plus les choses, et c'est comme si j'avais grandi et que j'étais sortie de l'adolescence et que j'étais enfin devenue adulte et que, du coup, j'accepte de prendre ma vie en main. Ce n'est pas qu'on ne voulait pas me le laisser faire, mais c'est quelque chose que j'ai réalisé, et j'ai réalisé que j'avais un pouvoir de décision qui n'était remis en question par personne et que j'avais le droit de choisir ce qui semblait bien pour moi [Corinne, F/49].

C'est également dans le sens d'une rupture et d'un affranchissement de rôles sociaux que des femmes ayant dépassé la quarantaine justifient leur participation :

> Toutes les femmes qui arrivent à quarante-cinq ans connaissent ce genre de choses, c'est l'envie de rompre un peu avec le quotidien et de voir des choses nouvelles, mais dans un autre cadre. [Annick, F/52].

Même si Annick manifeste dans son argumentation une certaine prudence en référant à une attitude féminine collective – « Toutes les femmes qui arrivent à quarante-cinq ans connaissent ce genre de choses » – et en atténuant le processus de rupture par le minimiseur « un peu », il ressort de son témoignage, tout comme de ceux d'autres participants, que la mobilité annonce, facilite, précipite parfois le changement de rôle grâce au changement de scène.

Certains évoquent des réticences qu'ils avaient pu avoir, étant plus jeunes, face à l'idée de se retrouver dans un univers inconnu. Avoir surmonté cette angoisse en s'engageant, adulte, dans la mobilité est en soi déjà un succès personnel dont on est fier :

> Quand j'ai lu « départ d'un an » – en plus un départ que je n'avais volontairement pas voulu faire quand j'étais en maîtrise parce que partir à l'étranger ça me faisait peur – mais j'étais contente quand même, et je suis partie après avoir fait des couches-culottes pendant

quinze ans ; je trouvais qu'il fallait que je change un petit peu de vie [Stéphanie, F/36].

Le besoin de changement est de surcroît souvent justifié et légitimé par des dispositions individuelles, telle l'aspiration à une originalité, à une volonté de se distinguer du milieu environnant :

> Parce que moi je suis ouverte à toutes les expériences donc je m'étais dit : je vais faire ça, et puis je regrette pas du tout, [Michèle, F/46].

Le bouleversement qu'entraîne le déplacement géographique est parfois ressenti comme un défi, une épreuve pour se stimuler et se dépasser afin de ne pas céder à la lassitude et au désabusement :

> Je sais que moi, bon, ça c'est mon expression, j'ai besoin d'un petit coup de pied aux fesses, c'est-à-dire que moi j'ai besoin de me remettre en question et j'ai besoin de me mettre en difficulté [Laurent, F/34].

Il n'est pas rare que le désir d'évasion corresponde à ce qui est ressenti comme la fin d'une phase de vie et soit accompagné de l'espoir d'un recommencement, d'une renaissance dans un décor d'altérité dont les effets bienfaisants se feront sentir ultérieurement pour toute la famille :

> Et les enfants sont très fiers de ce que j'ai fait, avec mon mari on a une vie de jeune couple et donc pour moi, ça m'a permis de rebondir. Parce que c'est vrai que s'il n'y avait pas eu ces échanges, je ne sais pas ce que je serais devenue [Corinne, F/49].

De même, l'échange et la séparation spatiale qu'il implique a des effets bénéfiques sur la famille et surtout sur la relation de couple de Barbara :

> Pour ma famille aussi l'échange c'était une aubaine. J'étais/ oui j'étais un peu / comment dire / notre couple, ça marchait pas trop, oui. Et comme ça on était tout simplement séparés géographiquement. Moi, j'étais à Paris et mon mari venait régulièrement et parfois il restait un peu plus longtemps, ça nous a fait un bien fou, et puis on est toujours ensemble [Barbara, D/53].

Le retour narratif sur le passé permet de faire émerger d'anciennes expériences incorporées, parfois douloureuses et mises en veille jusqu'au moment où elles sont sollicitées pour donner du sens au nouveau contexte :

> Cette mélodie de la langue et cette gentillesse de la famille contrecarraient ce que je vivais à la maison, qui était quelque chose de plus dur. Donc je me suis retrouvée dans une nouvelle famille où je me disais : « Ouah alors, ça peut être ça, une famille. » C'est très dur de parler de ça ici [Annick, F/52].

Elle l'entreprend presque comme un pèlerinage vers un lieu de convalescence où elle a trouvé refuge à un moment difficile de sa vie. Comme nous le verrons dans le chapitre suivant, nombreux sont d'ailleurs les récits qui inscrivent la participation à l'échange (entre autres motifs, bien sûr) dans la quête des origines de leur passion pour le pays voisin.

Chapitre 6

Amour et passion pour le pays de l'autre

« Pouvoir repartir répondait à un désir de longue date »

Jusqu'ici nous n'avons pas encore abordé la dimension franco-allemande de la mobilité des enseignants. Le fait qu'il s'agisse d'un échange auquel participent des Français et des Allemands pour enseigner leurs langues respectives dans l'école de l'autre joue, bien entendu, un rôle majeur dans la perception qu'en ont les individus et dans le regard qu'ils lui portent dans la rétrospective. Il va aussi sans dire que les motivations évoquées précédemment se conjuguent avec des attitudes et attentes largement positives à l'égard du pays de l'autre. C'est également ce qui ressort de l'enquête quantitative où nous avons pu déceler certaines tendances, peu surprenantes car relativement convenues, voire stéréotypées. Du côté français, on se dit attiré par « la littérature », « la langue », « la protection de l'environnement », et on manifeste un intérêt appuyé pour l'histoire.

La nourriture et l'humour font l'objet d'opinions plus contrastées. En France, les Allemands apprécient le « mode de vie et du savoir vivre », « la beauté du pays ». Le « côté hyper-organisé », « la rigidité » et « la différence au niveau des repas » attirent moins en Allemagne, tandis que les Allemands critiquent « la superficialité des phrases vides » en français ou la tendance à « laisser le moteur de la voiture en marche ». Le système scolaire français est objet d'appréciations plus différenciées, jugé par un quart des enquêtés comme étant trop sévère et rigide. Si ces grandes orientations dans les représentations issues de l'enquête quantitative se confirment en partie dans les entretiens, l'analyse des discours tenus permet d'apporter à la fois des précisions et des nuances.

Certes, comme le montre de manière significative l'extrait ci-dessous, les instits interrogés nourrissent pour le pays voisin depuis longtemps une affectivité tout à fait spécifique, faite de part et d'autre, souvent d'amour et de passion :

> Alors moi, j'ai constaté – je ne peux pas l'expliquer objectivement, ça vient de l'intérieur – que quand je traverse la frontière, je me sens chez moi. Et quand je reviens, dès que je repasse la frontière, je ne la vois même pas, elle n'existe même plus, mais je le ressens quelque part, je l'ai intériorisée, quand je reviens en Allemagne, je ne vais pas bien. Alors ça me rend triste, je ne me sens pas bien et je sais que je dois rentrer en Allemagne, parce que je dois travailler et parce que j'ai promis à mes élèves de revenir, mais je passe toutes mes vacances en France et j'ai l'impression d'être de retour à la maison [Marie, D/56].

La mémoire des frontières est encore bien présente et on a conscience d'avoir été témoin de bouleversements historiques immenses :

> On a tous vécu l'Histoire allemande, le mur en 1989 par exemple, ça on l'a tous vu à la télé, la frontière allemande, moi j'ai connu le poste-frontière fermé, où il fallait montrer sa carte d'identité et aujourd'hui le poste-frontière dans mon village, c'est un salon de coiffure. Et on peut passer et vous ne vous rendez pas compte que vous arrivez en Allemagne et tout ça on l'a tous vécu, c'est une histoire récente. On a vu les gardes-barrières etc., enfin moi dans ma rue il y avait la barrière allemande et c'était fini, on ne pouvait pas aller plus loin. Il fallait montrer les papiers, il fallait ouvrir la voiture, il fallait vider le coffre, enfin ça on l'a vécu, nous [Laurent, F/34].

Tous les participants avaient déjà séjourné dans le pays de l'autre, selon des temporalités variables, pour des vacances, en raison de liens familiaux, amicaux, pour des stages, des échanges scolaires, des rencontres franco-allemandes extra-scolaires, ou encore, pour certains des plus jeunes, à l'occasion d'une mobilité académique dans le cadre d'Erasmus. Il est certain que ces expériences ont favorisé la décision de participer à l'échange. L'intérêt pour le pays partenaire, sa culture, sa langue et son histoire remonte souvent à leur propre scolarité et n'a pas faibli au fil des ans. Repartir dans un cadre résolument différent pour se mettre à l'épreuve dans un milieu professionnel est donc autant un défi, parfois présenté comme un exploit, qu'une volonté affichée de rompre avec le rôle et le statut du touriste et les privilèges qui lui sont associées :

> J'ai toujours eu des expériences extrêmement satisfaisantes en Allemagne depuis presque treize ans, parce que mes parents m'avaient incité à effectuer des séjours pour un petit peu peaufiner ce qu'on apprenait à l'école et ça m'avait toujours plu et j'avais toujours eu des bonnes expériences. Mais je m'étais dit au fur et à mesure que je grandissais et dans ma vie professionnelle : « Mais j'aime toujours l'Allemagne, on y va toujours en vacances, c'est toujours bien mais est-ce que ça serait bien aussi d'y être avec une activité professionnelle ? » [Mathieu, F/44]

Pour certains, l'expérience d'une année d'assistanat ou d'un stage a nourri, parfois pendant des décennies, le rêve d'un retour, présenté comme un retour aux sources :

> J'ai fait des études d'allemand et puis, donc bon, quand j'ai passé ma licence, avant ou après je sais plus trop, je suis partie deux ans en Allemagne, comme assistante de langue, et alors ça a été la révélation, la révélation de ma vie. J'ai rencontré mon mari aussi, qui était assistant de langue, Français aussi, et puis donc on ne voulait qu'une chose, c'était rester en Allemagne, et on ne voulait absolument pas rentrer en France. On est rentrés en gardant toujours l'idée de retourner vivre en Allemagne, on n'était que de passage en France. Et puis finalement on a eu trois enfants, et on s'est installés et puis on n'a plus pensé repartir en Allemagne [Christine, F/51].

L'échange pouvait aussi offrir l'occasion de rejoindre un amour rencontré lors d'un précédent séjour :

> Pendant mon année à l'IUFM, j'ai rencontré une Allemande qui était en Erasmus à Bordeaux ; je suis tombé amoureux de cette personne, mais on se voyait pas trop, donc du coup j'ai fait mon année de formation, et on était huit mois loin l'un de l'autre et j'avais postulé pour l'échange franco-allemand directement [Paul, F/29].

À la recherche du temps perdu

Dans les trajectoires conduisant à la mobilité, des configurations familiales (séparation, divorce, enfants à élever), des conflits latents avec la famille ou l'entourage, ainsi que des rendez-vous manqués avec un appel de l'ailleurs reçu antérieurement, ou des opportunités non saisies constituent un élément important et font souvent office de moteur. C'est aussi le cas dans la mobilité des enseignants dans le contexte franco-allemand. Dans les descriptions discursives, le déplacement ressemble alors à un retour vers un lieu mythique, qui a hanté les rêves pendant des décennies :

> Moi j'aurais voulu partir beaucoup plus tôt en Allemagne, depuis très longtemps je voulais participer à cet échange, mais j'étais séparée, je devais élever mon fils. Mon fils ne voulait absolument pas entendre parler de l'Allemagne donc j'étais coincée en France parce qu'il devait voir régulièrement son père, c'était une bonne chose, mais le père ne voulant pas le garder à plein temps, j'ai dû attendre qu'il soit enfin indépendant pour postuler et voilà et j'étais vraiment extrêmement contente de pouvoir partir. Ça répondait à un désir de très longue date [Paule, F/53].

Aux représentations presque unanimement positives du pays de l'autre, sont associées les représentations qu'engage l'échange lui-même. D'y participer est déjà en soi un gage de distinction : c'est un échange franco-allemand, qui doit sa création aux efforts de réconciliation entre les deux États et à la volonté politique d'œuvrer en direction des jeunes, voire des plus jeunes. Nous avons pu montrer dans la première enquête menée en 1998 auprès d'instituteurs ayant participé au programme d'échange entre 1973 et 1997 qu'une large majorité d'entre eux avait une histoire familiale marquée à des degrés variables par les conflits franco-allemands.

À cette époque, la participation à l'échange revêtait encore une signification toute particulière, notamment du côté français, où elle était assimilée, pour certains, à une mission consistant, comme l'écrivait un des participants, « à montrer à mon environnement familial que les Allemands ne sont pas des monstres » (Dupas & Perrefort, 1998 : 77).

Liens personnels à l'histoire franco-allemande

En effet, il n'était pas rare que l'entourage nourrisse des opinions négatives à l'encontre de l'Allemagne, et la participation à l'échange pouvait se heurter aux réticences des proches. Lorsqu'on les interroge sur d'éventuelles transformations des représentations l'Allemagne par l'entourage familial à la suite de leurs récits de l'expérience de l'échange, la plupart des instits français notent des changements par rapport au passé et à la guerre. C'est dire aussi l'importance de ce programme dans la transmission et la médiation interculturelle : ces instits ont contribué non seulement par leur enseignement, mais aussi par les récits de leur vécu à faire évoluer les représentations et attitudes qui étaient souvent encore pour le moins ambivalents à l'égard du pays voisin :

> Non, c'est pas fini, moi mes parents je ne les vois plus depuis que je suis mariée avec un Allemand, alors voila [Michèle, F/46].

Compte tenu du changement générationnel, les séquelles du passé sont moins tangibles dans la présente enquête et, comme nous l'avons montré, d'autres motivations que celle d'une mission de réconciliation sous-tendent la décision. Il n'empêche que l'histoire familiale, où se mêlent mémoire familiale et mémoire collective du passé franco-allemand, émerge dans certains récits.

Tantôt c'est un grand-père qui avait été prisonnier de guerre en Allemagne, tantôt la famille entière en avait été touchée, comme le raconte cet originaire de Lorraine :

> Mes parents ont connu l'occupation allemande et j'ai une grand-mère qui a vécu sa jeune vie d'adulte sous l'occupation allemande. Donc moi j'ai toujours entendu parler de l'histoire de l'occupation allemande et du coup ça nous concernait directement et j'ai des parents qui ont connu à l'époque l'école où on se faisait taper sur les doigts si on parlait français. C'était l'allemand obligatoire, donc c'était interdit de parler français. Ma grand-mère, les Allemands lui ont fait changer de nom de famille en Moselle, parce que ça ne sonnait pas assez allemand et après la guerre ils ont pu rechanger. [Laurent, F/34].

Certes, la participation à ce programme a perdu le caractère un peu militant qu'elle revêtait encore, pour de nombreux instits, dans les années 1970-1980. Néanmoins la charge symbolique liée aux relations franco-allemandes investit le programme d'une aura et commande des postures particulières, comme celle, par exemple, d'un médiateur entre les générations :

> Lorsque j'entends les mots « ennemi héréditaire » ou des trucs comme ça en lien avec l'histoire – nous sommes une nouvelle génération. Et lorsque nous posons des repères pour les enfants en leur enseignant la langue, en leur parlant de nos expériences, de nos sentiments de choses personnelles, c'est cela qui marque les enfants [Heinz, D/62].

> Mais c'est marrant, on a vu un changement, parce que je suis allé voir mes deux grands-parents en rentrant à Noël, et bon, ma copine était allemande, et quand je leur ai dit ça, curieusement ma grand-mère a bien réagi, alors qu'il y a quelques années, ça lui aurait pas plu du tout, et là, elle avait évolué [Yoann, F/26].

Dans un contexte où l'enseignement tant de l'allemand en France que du français en Allemagne peine à susciter l'enthousiasme des élèves, on comprend aisément que les instits se sentent investis d'une responsabilité tout à fait particulière :

> En France, j'ai vraiment vécu, j'ai vécu mon travail. Et je me suis investie beaucoup plus dans mon métier comme jamais je ne l'ai

> fait en Allemagne. Parce que c'est tout simplement une responsabilité tout à fait particulière, lorsque nous Allemands sommes en France. Aussi bien en raison de l'histoire mais aussi pour faire honneur au métier [Marie, D/56].

Le souci de donner corps aux relations franco-allemandes en s'appuyant constamment sur son propre vécu, sur son histoire personnelle pour sensibiliser les enfants à la langue, et, plus généralement au pays voisin et ses habitants, traverse tous les témoignages. L'échange engage la personne tout entière et ce qui importe à ces instits, c'est que leur présence dans l'école de l'autre soit perçue comme un gage de leur amour pour le pays voisin :

> Ce que j'ai pu vraiment transmettre, je crois c'est que mes élèves savent que j'aime la France, et j'ai l'impression qu'ils arrivent à établir une relation. Des fois ça va jusqu'aux parents. Par exemple, une fois j'ai raconté que j'ai fait du patinage sur la Tour Eiffel et trois jours après il y a un père qui est venu et qui m'a demandé : « C'est vrai, vous avez patiné sur la Tour Eiffel ? » [Marie, D/56].

D'autres, plus pragmatiques, mettent en avant le fait que leur propre mobilité peut être porteuse d'exemplarité pour les enfants :

> La mobilité, on en parle pour les étudiants, et c'est bien aussi qu'on en parle pour les enseignants parce que les enseignants, il faut qu'ils montrent à leurs élèves qu'on peut bouger, on est un modèle quand-même, enfin, un modèle entre guillemets [Paule, F/53].

Une vision magnifiée de l'Allemagne

Ce qui apparaît très nettement dans les récits, c'est que la mémoire de la seconde guerre mondiale, sans s'effacer, bien entendu, cède cependant du terrain à une autre mémoire, celle de l'« Autre Allemagne », celle de la fin des années 1970, contestataire avec ses mouvements alternatifs, pacifistes, écologiques. Très présente dans les médias et les débats publics en France, elle l'était aussi dans les méthodes et manuels avec lesquelles une grande partie des enseignants avaient appris l'allemand. Outre la participation à des échanges scolaires, certains des plus âgés avaient, par la suite, effectué des séjours plus ou moins longs, parfois comme assistants de langue, ou dans le cadre d'un stage pédagogique. Ils y ont alors apprécié, voire admiré de nombreux aspects de la culture éducative allemande telle qu'elle se pratiquait dans les années 1980 :

> Quand j'ai fait l'école normale, parce que je suis sur l'ancien régime, on est parti deux mois à Fribourg faire un stage pédagogique, on est allé observer les classes primaires à Fribourg et j'en garde un souvenir extraordinaire. À cette époque-là, maintenant j'ai changé,

> je trouvais que l'éducation dans les écoles allemandes était vraiment un modèle et j'avais été émerveillée par l'esprit de créativité qu'il y avait dans les classes [Paule, F/53].

Cette relation enchantée à la culture éducative et à une certaine forme de vie propre à cette époque, a été également nourrie par les professeurs. En effet, dans l'évocation de leur propre scolarité et des souvenirs des cours d'allemand, le rôle des professeurs d'allemand et, plus rarement toutefois, des professeurs de français pour les Allemands, dans les orientations futures émerge de manière saillante :

> J'ai eu énormément de chance, parce que j'étais dans un collège de province et avec des professeurs d'allemand très engagés politiquement. Je me revois encore en seconde avec notre prof d'allemand partir avec sa petite Diane, on était à cinq pour écouter un concert d'un groupe de la RDA qui était à Saint-Dizier, enfin bon, ce sont des choses qui n'existent plus maintenant. Enfin, ils nous ont fait faire des choses incroyables [Annick, F/52].

Pour de nombreux intellectuels, universitaires, enseignants, le régime communiste et la vie dans l'ex-RDA entraient en résonance avec leurs propres convictions politiques et leurs anciens élèves s'en souviennent : « J'ai eu des profs d'allemand vraiment très très engagés. » C'est ainsi qu'Annick découvre, par l'intermédiaire de ses enseignants d'alors, l'Allemagne de l'Est, avant la chute du mur. Un séjour en RDA présentait, de surcroît, l'avantage d'être financièrement accessible :

> Partir en RDA déjà c'était beaucoup moins cher que partir en RFA. C'était partir en RDA, parce que mes parents ne pouvaient pas me payer autre chose, et voilà je suis partie avec France-RDA, et ça coûtait rien du tout parce qu'on travaillait, on ramassait des patates, alors pendant quinze jours on ramassait des patates, et pendant quinze jours on était payé à visiter. Donc moi je n'ai pu partir que comme ça [Annick, F/52].

Même si du côté des enseignants allemands, les souvenirs liés à leurs professeurs sont moins nombreux, la séquence suivante est un exemple particulièrement significatif des sentiments extrêmement francophiles que nourrissait toute une génération d'Allemands dans les années 1960-1970. Ces sentiments étaient encore exacerbés lorsqu'on apprenait le français de l'autre côté du mur et qu'il suffisait parfois d'une rencontre avec une seule personne pour s'imaginer et magnifier tout un pays :

> J'ai eu beaucoup de chance, j'avais un super professeur de français en RDA, une Française en pleine période de la RDA, c'était en 1970. Elle avait réussi après cinq ans à obtenir l'autorisation de se marier en RDA avec son ami Allemand de l'Est. Ils sont venus s'installer à

> Rostock car c'est là qu'il vivait et moi, c'est là que j'ai grandi et elle cherchait un travail. Par la suite, nous avons eu une prof de français très âgée, ils l'avaient rappelée alors qu'elle avait déjà pris sa retraite. Et elle nous a dit : « Les filles – trente filles, une classe de filles uniquement, un calvaire – les filles, seules celles qui obtiendront la meilleure note chez moi pourront suivre les cours spéciaux de Mademoiselle. » Moi qui aimais étudier, j'ai appris les tableaux de conjugaison par cœur car je voulais obtenir cette meilleure note ; je voulais suivre les cours de Mademoiselle. Nous avons commencé à apprendre le français au collège, j'avais quinze ans. Nous avons eu un cours de français fantastique avec Mademoiselle, nous étions six ou huit filles avec elle. Nous discutions de l'amour. J'ai appris des mots que je ne trouvais pas dans le dictionnaire et elle était si heureuse. Et j'avais l'impression que la France, c'était la vie ; la France, c'était l'amour ; la France, c'était tout ce qui est beau dans la vie [Marie, D/56].

Cette fascination de l'altérité d'antan avait alimenté pendant des décennies un imaginaire à propos du pays voisin, l'avait enfermé dans une image, certes, idéalisée, mais qui était devenue constitutive d'une identité personnelle et professionnelle. L'échange modifie parfois considérablement cette vision sacralisante, en particulier du côté des enseignants français.

La désagrégation d'un mythe

Dans la confrontation avec la réalité de l'Allemagne en ce début du XXIe siècle, en vivant et en enseignant dans ces écoles jadis tant admirées et dont on avait gardé la nostalgie, le mythe se désagrège, la relation enchantée cède petit à petit le terrain à des désenchantements :

> Ça a été une année quand même plus difficile et avec plein de déceptions quand même. Plein de déceptions, parce que j'avais tellement idéalisé l'image que j'avais trente ans auparavant que je suis allée un peu de déception en déception. La mentalité aussi avait changé. J'ai pas connu de gens sympas, enfin pas trop sympas, enfin ça n'avait rien avoir avec l'Allemagne que j'avais connue. C'était une expérience complètement différente et puis j'étais avec ma fille qui était là, et qui n'avait pas envie d'être là, et c'est vrai que tout le côté de l'Allemagne idéale dans les classes et tout ce que j'avais connu fin des années 70, là c'était plus du tout ça [Christine, F/51].

Il s'agit alors de désillusionner le regard et de revisiter l'image de l'Allemagne à la lumière des nouvelles valeurs culturelles et sociétales intervenues au cours du passage d'une époque à une autre, de s'engager dans une redéfinition identitaire de soi et de renégocier les fondements sur lesquels les liens avaient été construits. Une telle démarche est d'autant plus douloureuse que le regard est encore idéalisé, comme le montre l'exemple ci-dessous :

> Pour moi, ça a été très difficile, parce que c'était pas du tout l'expérience que j'avais faite à dix-neuf, vingt ans, en tant qu'assistante de langue. J'étais plus du tout la petite Française qu'on accueillait à bras ouverts et dans l'école j'étais comme un pot de fleurs. J'avais connu, à vingt ans, des jeunes qui habitaient dans des communautés, c'était post-68, mais c'était ça mon rêve, quoi, mais là je ne l'ai pas retrouvé du tout. J'avais fait passer une petite annonce pour habiter dans une WG[1] et zéro réponse [Christine, F/51].

Vivre dans la langue

Contrairement à l'étude consacrée à la mobilité scolaire dans le cadre du programme Voltaire, les aspects linguistiques sont assez peu abordés dans les entretiens. Il est vrai que les élèves se trouvaient pour la première fois dans une situation où il fallait pratiquer quotidiennement la langue qu'ils étaient encore en train d'apprendre à l'école. La situation se présente différemment pour les instituteurs, allemands et français confondus. Devant les enjeux professionnels et personnels de l'échange, les problèmes liés à la langue semblent s'être déplacés sur un autre terrain. Leurs connaissances de la langue du voisin étaient assez hétérogènes, variant entre un très bon niveau et une aisance communicative à une compétence moyenne. Tous avaient eu l'occasion de pratiquer la langue du pays partenaire avant l'échange en dehors du contexte scolaire. Comme nous l'avons signalé dans le chapitre consacré à l'enquête par questionnaire, certains avaient profité de leur séjour pour progresser ou se perfectionner en suivant des cours de langue :

> Quand j'étais en Allemagne, j'ai pris beaucoup de cours à la *Volkshochschule*. J'étais très intéressée par la langue. J'enregistrais mes mots en allemand, en français, je les écoutais. J'avais une attitude très studieuse par rapport à la langue [Michèle, F/46].

Si les déficits et pannes linguistiques ne semblent pas avoir posé de problèmes de communication notables au quotidien – « Bon, au quotidien, on peut se débrouiller, mais parfois il y a des choses plus fines, et ça peut vraiment devenir un problème » –, il apparaît cependant dans

---

1 Abréviation de *Wohngemeinschaft*. Plus qu'une co-location, les WG pouvaient représenter dans les années 1970 un genre de « communauté » permettant à des personnes non seulement d'habiter ensemble, mais aussi de partager un style de vie et des idées politiques.

les témoignages qu'il n'en va pas de même des manières d'être dans la langue et dans certaines interactions qui requièrent des styles communicatifs bien spécifiques à chaque culture :

> Je me suis toujours posé la question, parce qu'avec les Allemands, on peut être beaucoup plus direct qu'avec les Français, où c'est beaucoup dans l'implicite, le non-dit. Est-ce que, quand on est invité en Allemagne, on peut dire : « Est-ce que c'est pour manger ou pas ? » On peut le demander ou pas ? Ça ne se fait pas en France de dire : « Est-ce que c'est pour manger ? », parce que cela veut dire que j'ai envie de manger. Parce qu'en fait, les Français sont compliqués, coincés. On pense toujours qu'on a des arrière-pensées [Christine, F/51].

Dans les cas où les interactions avec l'environnement d'accueil ne se passent pas de manière satisfaisante, les sentiments d'insécurité, le déficit de reconnaissance peuvent provoquer des blocages et engagent un travail sur les identités mises à mal :

> Il y a des collègues, ils faisaient des remarques terribles, je n'arrivais pas à me défendre, qui me disaient toujours : *Anschließend hast du wieder alles falsch verstanden*, ça c'est terrible. Pour moi, ça c'était vraiment terrible [Annick, F/52].

La communication réussie en langue étrangère ne peut se résumer à la maîtrise du lexique, de la grammaire et de la syntaxe, et parler couramment une langue étrangère, peut-être même sans accent, n'implique pas nécessairement la maîtrise sans accent des règles culturelles qui régissent les interactions quotidiennes et qui identifient autant qu'ils altérisent. Des incidents en apparence parfois anodins montrent qu'il est bien plus difficile de gérer les styles communicatifs différents que de maîtriser la langue étrangère d'un point de vue purement formel :

> Il y a un problème de langue. Moi, je comprends bien, mais il y a des moments ce qu'on dit, c'est culturel aussi. Alors, on dit quelque chose d'une certaine façon et tout d'un coup, on voit l'autre qui fait une tête... Alors, je me dis toujours : mais qu'est-ce que je viens de dire ? Et des fois, c'est terrible parce que ça blesse ; c'est vraiment parce que les mots ont une résonance très différente[Yoann, F/26].

C'est en contexte scolaire que les sentiments d'insécurité linguistique dus aux variations des styles interactionnels sont les plus fréquents, surtout devant les élèves :

> On n'a pas la réplique dans la langue de l'autre. C'est vrai que moi, j'ai vécu beaucoup avec les élèves et en fait il arrivait un moment/j'arrivais à une frontière où je ne pouvais plus, je savais

> plus, parce que je ne voulais pas leur dire des mots qu'il ne fallait pas dire, parce que justement, j'arrivais pas à savoir ce qu'on peut dire, ce qu'on ne peut pas dire [Stéphanie, F/36].

Ces déboires et revers linguistiques divers sont vécus sur un mode d'intensité variable, un peu comme des épreuves initiatiques précédant, accompagnant, signalant un processus d'ajustement et de renégociation des sentiments d'appartenance. L'enseignement de sa propre langue à l'étranger permet d'avoir un autre regard sur elle et même de changer le rapport à la langue maternelle. Ceci peut se manifester dans un effort accru d'articulation, de prononciation, dans des réflexions métalinguistiques sur les structures, le lexique, les expressions. C'est aussi une prise de conscience de la situation d'un locuteur alloglotte et une compréhension accrue pour ses détresses verbales et les difficultés d'intercompréhension qui en résultent.

Les sentiments d'insécurité et les blocages s'estompent progressivement. En vivant dans la langue de l'autre au quotidien on s'approprie petit à petit un savoir-être dans la langue autant qu'un bien-être. Nous avons d'ailleurs pu nous en rendre compte lors des entretiens collectifs où, dans le climat de confiance réciproque, l'alternance codique allait de soi lorsque les groupes étaient binationaux. Il arrive alors que la langue devienne le lieu symbolique où s'expriment et s'affichent les transformations identitaires :

> À chaque fois que je suis particulièrement contente et heureuse, j'ai des mots français qui me viennent à l'esprit. Et à chaque fois que j'ai du stress, je retombe dans l'allemand, mais vraiment méchamment. Alors, je ferme vite la porte pour que personne m'entende. Mais la joie, pleines de choses positives, des sentiments qui sont très profonds, là, ce sont des mots français qui me viennent tout de suite à l'esprit [Marie, D/56]

Ce rapport sensuel et quasiment amoureux à la langue de l'autre prévaut dans de très nombreux témoignages :

> Et j'ai une correspondante allemande, donc ça a été quelque chose de/enfin je n'oublierai jamais ça. Cette douceur dans la voix, moi, j'ai été subjuguée. Parce moi je suis de la génération qui a écouté à la télé des films où on entendait *Heil Hitler!* toutes les cinq minutes. Et je me souviens très bien d'un film où il y avait des travaux forcés et où ils disaient *eins zwei eins zwei eins zwei*, donc pour moi c'était ça, l'allemand. Et puis là, j'arrive dans cette famille allemande, alors déjà de très bons gâteaux, et ils ouvrent la bouche et là wouah la musique. J'ai jamais oublié ça, ce moment où ils ouvrirent la bouche [Annick, F/52].

Ce moment fondateur apparaît dans ce récit comme lieu d'une réconciliation avec une langue jusque-là stigmatisée dans les représentations. Conquise par la tendresse envoûtante de la langue, Annick s'engage dans l'élaboration d'un rapport inédit à l'allemand, vécu sur un mode physique, fait d'émotion, de sensualité suave (gâteaux et langue sont dans un même rapport de sensualité) et d'ouverture.

À ceux qui avaient dû apprendre l'allemand contre leur gré ou par non-choix, une telle expérience permet de dépasser les sentiments ambivalents et de se réconcilier avec cette langue, imposée au départ. Cette remédiation entre soi et la langue peut relever de l'ordre de l'indicible, presque du magique :

> Enfin il y a quelque chose par rapport à l'allemand. Au départ bon ça a été contraint et forcé mais il s'est passé quelque chose [Mathieu, F/44].

Devant un rapport aussi affectif à la langue de l'autre, on comprend que les enseignants sont particulièrement sensibles à sa place dans leurs établissements d'origine, mais aussi aux jugements de l'entourage socioprofessionnel et familial sur la langue du voisin – et plus particulièrement sur l'allemand qui continue à faire l'objet de représentations négatives. Il arrive même que les sentiments ambivalents des collègues face à la mobilité d'un pair s'affichent dans des railleries sur l'altérité phonétique. C'est ce qui est arrivé à Christine lors de son retour dans son établissement d'origine : « Alors ils étaient là, ils prenaient l'accent allemand et ils me disaient : "Mais c'est fini, tu n'es plus en Allemagne". » Cette imitation de l'accent allemand, bien présent dans les représentations collectives, a non seulement pour fonction de minimiser, voire de dénier le vécu de la narratrice, mais amène à devoir justifier son engagement professionnel pour une langue dont l'altérité est souvent péjorisée :

> Dans le Sud-Ouest il y a beaucoup de gens qui m'ont regardé étrangement : « Pourquoi l'allemand ? Les Allemands c'est la discipline, c'est une langue qui est moche », enfin voilà si vous voulez c'est des clichés, et puis on ne comprend pas non plus que je veuille l'enseigner [Paul, F/29].

De telles formes linguistiques, qui caricaturent, voire stigmatisent, un aspect particulier situent la communication à la frontière floue d'une certaine forme d'humour, en déséquilibre permanent entre le ludique et l'agonal, dont on ne sait pas toujours très bien si c'est « pour rire » ou si « c'est sérieux ». Dans le contexte rapporté par la narratrice, l'imitation de l'accent allemand par les collègues brouille la frontière entre le jeu et le sérieux. Rappelons ici que les jugements sur les langues et leurs valeurs contiennent automatiquement un jugement sur ceux qui les parlent. Ces jugements permettent de valoriser ou de dévaloriser indirectement ceux qui parlent la langue, en déguisant les jugements émis sur les locuteurs en jugements sur la langue. De sorte que le pas est vite franchi entre le discours explicite sur la langue et le discours implicite sur ceux qui la parlent et les jugements stéréotypés sur la langue refléteraient par conséquent certains stéréotypes appliqués aux locuteurs. Après le vécu intense de l'échange et l'investissement affectif de la langue, les enseignants peuvent se sentir particulièrement affectés par de telles attitudes :

> Et en même temps, tu sens qu'il y a encore des tas de clichés - les Allemands c'est des gros buveurs de bière, c'est des gros ploucs et la langue - ah qu'est-ce qu'elle est moche. Alors moi j'essaie de leur dire mais non, c'est une langue qui est chantante, puis les Allemands parlent très lentement, c'est facile à comprendre. N'importe quoi, c'est une langue hachée. Non mais tu vois, ça c'est Hitler qui est responsable de ça, enfin je veux dire avec sa façon de parler et/ les gens ils ont ça qui reste dans la tête. Et moi ça me dérange, j'ai honte de ça parce que c'est vraiment une germanophobie on ne sait pas pourquoi on n'aime pas les Allemands et au pire ceux qui vont réussir à se justifier un peu ils disent la langue est moche et puis ils ont été nazis [Paul, F/29].

L'activation des voix et des discours entendus et rapportés ici dans ce dialogue de sourds sert à Paul d'illustration pour montrer que face aux opinions figées et aux sentiments hostiles toute tentative visant à faire changer l'interlocuteur d'avis s'avère en fin de compte vaine et que toute tentative de médiation semble vouée à l'échec.

Lors de la première enquête (1998), bon nombre d'enseignants avaient évoqué les attitudes négatives envers la langue allemande de la part de leur entourage, comme si les conflits historiques trouvaient leur prolongement dans des représentations négatives attachées notamment à la langue allemande. Nous avions alors constaté que les enseignants confrontés à de tels jugements se sentaient comme investis d'un rôle de médiateur et avaient à cœur de faire évoluer ces représentations. Même si les appréciations péjoratives s'atténuent, les exemples précités tendent à montrer qu'elles n'ont pas pour autant entièrement disparu et que dix ans après la première enquête, les enseignants se voient encore confrontés à des jugements qui les questionnent.

Chapitre 7

Obligations et contraintes familiales

Un déplacement bouleversant pour tous

Les instits qui se déplacent sont souvent mariés, en couple, avec des enfants, installés dans un espace familial et domestique fait d'habitudes, de contraintes et d'obligations. Le départ d'un membre de la famille implique nécessairement des problèmes de réorganisation, pour combler la place qu'il laissera vide pendant un certain temps. Car même si cette séparation n'est que temporaire, entrecoupée par des visites, des congés, elle entraîne néanmoins des bouleversements considérables.

Il arrive que les enseignants envisagent d'emmener leurs enfants, considérant que c'est une aubaine pour leur faire découvrir d'autres modes de vie et d'apprendre ou de progresser dans la langue. Mais un tel projet peut se heurter d'emblée au refus net des enfants et contraindre l'enseignant à renoncer provisoirement au déplacement :

> Et mes enfants – des copains, les deux grands, ma fille et mon fils, en pleine puberté, treize et quinze ans. J'avais voulu poser ma candidature beaucoup plus tôt, mais mes enfants m'ont dit catégoriquement : « On ne vient pas avec toi. » Impossible de leur faire quitter leurs copains, à treize et quinze ans, l'avis des amis compte plus que celui de maman. Alors, j'ai retiré ma candidature et je l'ai mise dans un tiroir [Marie, D/56].

Lorsqu'il y a plusieurs enfants, se pose parfois la question lequel emmener, lequel laisser à la charge du conjoint. Quelle que soit la décision, même prise d'un commun accord, elle est inévitablement placée sous le signe de la culpabilité, du regret, laisse entrevoir la solitude soit de l'un soit de l'autre :

> J'ai vraiment eu le mal du pays, contre toute attente. J'ai amené ma fille de quinze ans, mais le reste de ma famille, mon mari et deux autres enfants m'ont beaucoup manqué. En fait j'aurais aimé partager cette expérience avec eux [Christine, F/51].

À bien des égards, une telle configuration constitue une spécificité de cette mobilité. Outre le fait qu'il faut faire face seul au processus d'adaptation scolaire, sociale, linguistique de l'enfant dans le nouveau contexte, il s'agit souvent de gérer aussi les enjeux liés à l'accueil des enfants par les pairs dans l'école de l'autre, prévenir la formation d'éventuels préjugés en cas de conflit. C'est pourquoi l'enseignant mobile pose sans cesse un double regard sur l'altérité linguistique et culturelle – le sien et celui des enfants qui sont du voyage. Les préoccupations d'adaptation personnelle et professionnelle font souvent place au souci d'aider les enfants dans leur travail d'intégration :

> La grande pleurait quand on est partis, mais elle pleurait encore trois fois plus quand on est rentrés. Quand on est revenus en France, la grande était extrêmement déçue de devoir quitter Berlin, il fallait gérer les larmes du départ et du retour et c'était très pénible, par ce que quand tu as vécu ça, emmener une famille... Bon, il fallait motiver sa famille, penser positif malgré la fatigue et les difficultés qu'on pouvait rencontrer au début [Annick, F/52].

La gestion de cette situation déplace les enjeux de la mobilité d'enseignants sur un terrain sensiblement différent de celui de la mobilité des étudiants, qui n'ont en général pas de contraintes familiales de cet ordre. Dans ces conditions, et d'un point de vue psychique, le départ met doublement à l'épreuve : celui qui part doit gérer non seulement la séparation spatiale et provisoire du couple – situation souvent inédite –, mais aussi la confrontation avec un quotidien personnel et professionnel fait de différences et demandant un effort particulier de réorientation et de restructuration :

> Je suis partie avec mes enfants et mon compagnon est resté à Paris. Donc, sans homme. Mais je ne crois pas que c'était pour lui, le plus dur. Pour moi c'était pas facile non plus, j'avais les enfants. Donc lui, il pleurait sa solitude et moi je pleurais mon travail, par ce que moi, je commençais à cinq heures et je finissais à dix-neuf heures, j'étais vraiment très très fatiguée [Annick, F/52].

Cette double épreuve est souvent sous-estimée et entraîne fatigue et sentiments de découragement, de solitude, pouvant s'accompagner de mal du pays, car « libre d'attaches avec les siens, l'étranger se sent complètement libre. L'absolu de cette liberté s'appelle pourtant solitude » (Kristeva,1988 : 23). Par conséquent, lorsqu'il s'agit d'opter pour une éventuelle prolongation, la manière dont l'absence aura pesé sur la vie familiale conditionne la décision.

Est également posée la question de savoir si le conjoint accompagnera l'enseignant qui souhaite tenter l'aventure. La réponse dépendra de la configuration particulière de chacun – situation professionnelle du conjoint, situation personnelle du couple, contraintes familiales, ou encore matérielles et financières. À ces considérations, il faut en ajouter une autre, liée à l'âge des participants. Il n'est pas rare qu'ils aient des parents déjà âgés, parfois de santé fragile. Non seulement la durée du séjour peut en dépendre, mais aussi le choix de la destination. Il arrive que des participants se décident pour un lieu géographiquement proche de leur domicile en pays d'origine, afin de pouvoir rejoindre, en cas de besoin, la famille. Certains choisissent même, à l'instar des frontaliers, le passage quotidien de la frontière. Il est évident qu'une telle alternance quotidienne entre un « ici » et un « là-bas » créé un vécu différent de celui d'un éloignement spatio-temporel, installé dans la durée.

Dans le même ordre d'idées, l'institution d'origine peut s'opposer à une prolongation, et, sous peine de passer à côté d'une promotion, d'une opportunité professionnelle intéressante, on peut choisir de limiter le séjour à un an.

« Mais t'es folle. Pourquoi tu fais ça ? Tu ne te rends pas compte ? » L'entourage entre incompréhension et soutien

Le réseau des relations joue un rôle crucial dans la construction de l'identité, des attitudes, des adhésions normatives et des comportements. Mais contrairement aux étudiants mobiles pour qui le séjour d'études à l'étranger est devenu partie intégrante du cursus de formation – évidence qui ne suscite généralement qu'encouragements de la part de l'entourage familial et enthousiasme, voire envie des pairs –, le déplacement spatio-temporel des enseignants ne fait pas toujours l'unanimité, se heurte à des réticences, des jugements, parfois à l'incompréhension des familles et des amis :

> Dans notre cas, faut dire que les gens dans notre entourage ont réagi plutôt négativement, parce qu'évidemment, ils disaient qu'ils ne comprenaient pas qu'on se lançait dans une telle aventure avec deux enfants si jeunes. Moi, au contraire, je trouvais que c'était une grande chance pour les enfants [Nadine, D/32].

Les réactions de la part de la fratrie permettent de prendre la mesure des tensions, des oscillations et surtout du courage dont les enseignants font preuve en prenant la décision envers et contre tout ou tous. S'interrogeant sur les raisons des réticences manifestées par l'entourage, Nadine constate :

> J'ai d'abord pensé que c'était dû à l'âge, mais je dois dire après coup que ce n'est pas vrai. En fait, il y a des gens qui le comprennent, même si ils sont bien plus âgés que nous et il y a aussi des gens très jeunes, comme ma sœur qui pensait que je devais être complètement folle de partir avec les enfants. Elle pensait vraiment que j'avais perdu la raison [Nadine, D/32].

De telles réserves exprimées par les amis et la famille entrent parfois en résonance avec ses propres incertitudes, des doutes et des contradictions et renvoient à toute l'ambivalence ressentie face à sa décision. Les premières difficultés rencontrées, les premières incompréhensions face à d'autres règles dans le nouvel environnement réactivent de tels doutes :

> Les quinze premiers jours ont été très compliqués pour mon fils et à ce moment-là, pendant un temps assez court, j'ai commencé à douter, je me demandais si ça avait été une bonne décision parce qu'il ne voulait même pas franchir le portail de l'école, et on n'avait pas le droit de l'accompagner au-delà du portail [Nadine, D/32].

Le désir de rupture avec un quotidien fait d'évidences tranquilles et de balises sûres, avec un travail devenu routinier et peu attirant, peut se heurter à l'incompréhension du réseau social, et amical :

> J'ai emmené le petit au jardin d'enfants français. Le grand, je l'ai laissé à la maison et j'étais en fait très optimiste et je me disais : je le fais maintenant et cela ne peut pas mal se passer. Je ne suis pas si loin de chez moi finalement. Mon entourage a réagi différemment en fait. La plupart des gens étaient relativement indifférents. Ou disons plutôt que peu de gens l'ont vraiment compris. Les membres de ma famille oui, certes. Ils trouvaient cela super. Mais le reste de mon entourage ne pouvait pas vraiment comprendre pourquoi je faisais une chose pareille [Sabine, D/41]

Parfois, les instits qui décident de partir avec leurs enfants se voient exposés à l'incompréhension plus ou moins grande de leurs amis :

> Alors à partir du moment où des enfants sont en jeu, j'ai remarqué que les gens ne peuvent pas comprendre. Beaucoup ont aussi réagi en disant : « Oui, mais à ton âge on ne fait plus ce genre de choses ! » Je leur ai raconté que beaucoup de personnes encore plus âgées se lancent dans la démarche en se disant les enfants sont sortis de l'âge le plus délicat, je le fais maintenant. Plus tard, ce ne sera peut-être plus possible, car il y aura peut-être d'autres enjeux familiaux – ou d'autres raisons de ne pas le faire. À cela,

ils répondent ensuite que c'est peut-être vrai, mais quand je leur raconte qu'il y avait aussi des familles avec enfants qui ont participé au programme, ils déclarent : « C'est ce que je n'arrive pas à comprendre. » Dans le même contexte, ils n'arrivent peut-être pas non plus à comprendre que quelqu'un qui a vécu à l'étranger et revient ensuite avec une autre conception de la vie[Juliane, D/36].

Quelquefois aussi, l'amitié réciproque fait que la témérité dont font preuve les candidats à la mobilité constitue un contre-modèle pour l'entourage, et l'incompréhension peut se teinter d'admiration :

La réaction de mes amis était du style : « Oui, c'est bien, mais je ne me vois pas faire la même chose. Je n'aurais pas le courage. » Donc, du genre mon Dieu, comment tu fais ? [Juliane, D/36].

Le besoin d'« hétérotopie » (Foucault) – espace qui héberge l'utopie et l'imaginaire – manifesté par celui qui décide de partir donne aussi lieu à des spéculations et interprétations les plus diverses. C'est ce qu'a vécu la narratrice lorsqu'elle a fait part à ses amis de son départ dans l'est de l'Allemagne, au bord de la Baltique :

« Mais t'es folle, t'es folle. Pourquoi tu fais ça ? Mais tu ne te rends pas compte. » Et tout le monde pensait que j'avais des soucis avec les enfants. Que mes enfants avaient tourné délinquants. Tout le monde a pensé que je divorçais et que ça se passait mal au niveau du divorce. Et les gens ne comprennent pas, les gens ne comprennent pas [Corinne, F/49].

Originaire de l'ex-RDA, Marie était partie peu de temps après la chute du mur pour un premier échange, accompagnée de ses enfants. À cette époque, et dans ce contexte particulier, elle a subi de violentes critiques de la part de son entourage :

Et donc le jour de mon anniversaire – la maison était bien remplie, je fêtais mes quarante ans et j'ai annoncé : « À partir de septembre, je travaille en France. » Alors là, mes propres amis m'ont dit : « Tu es une traîtresse, au moment où notre pays s'effondre, tu te barres. Alors qu'on a besoin de toutes les forces pour la transformation démocratique. » […] J'étais donc devenue la traîtresse qui se barre [Marie, D/56].

Toutefois, avec le temps, ce besoin « d'espaces autres » n'est plus ressenti par l'entourage comme danger pour les liens ou interprétée comme lubie ou comportement irresponsable, mais comme un déplacement bénéfique à celui ou celle qui l'investit. Dès lors, comme raconté dans la suite de l'histoire, la rupture avec le quotidien, avec ce qui est considéré comme « normal » impressionne et finit par être reconnu par l'entourage :

Quand je suis repartie en France dix ans plus tard, j'ai tout à coup entendu dire : « Tu as vraiment de la suite dans les idées, tu as vraiment du courage, tu ne lâches pas et on trouve ça super. » Donc la tonalité avait changé en positif et du « tu nous as trahis » – ce qui m'a estomaquée – au « tu as de la suite dans les idées » et « tu as vraiment du courage de le refaire et d'emporter quelque chose de nous là-bas et de nous donner la possibilité de venir te voir et de découvrir, nous aussi, du nouveau. » Et ma sœur me dit maintenant : « Tu es comme ça, tu as besoin de ça et on a remarqué que ça te fait du bien. » On peut donc vraiment voir sur ces dix ans un effet positif chez mes amis, dans ma famille [Marie, D/56].

Chapitre 8

Cadre de vie et nouvelle sociabilité

Prologue : Photo d'une journée au quotidien prise par Paule

Pense-bête pour demain

Cologne, le 5 janvier

6.30 : Penser à sortir les 15 galettes des rois du congélateur.

7.00 : Envoyer un sms à Elke pour confirmer le Sprachtandem de 16 heures.

7.15 : Ne pas oublier de prendre les 4 sacs poubelles qui encombrent ma cuisine en partant.

Surtout ne pas mettre les emballages des galettes avec les caisses en carton. Gare aux regards de madame Homber du premier étage.

7.30 : Retirer le ballon rouge de mon cartable – plus besoin aujourd'hui.

Bien prendre l'ours marron, mais pas le marron aux oreilles jaunes.

Attention : CD2 d'Alex et Zoe. Ne pas confondre avec celui de Chimbadoum.

Re... les galettes... recompter les fèves. Voir s'il y en a assez.

8.00 : Important : pas de cours avec la 3B, mais Vertretung dans la 2A avec les 5 enfants en plus de la 4A (Französischgruppe uniquement) donc garder la galette pour jeudi.

PAUSE :

– essayer d'intercepter la Konrektorin pour lui parler de la rencontre avec les enseignants français de NRW à Düsseldorf

– manger quand même un Brötchen de plus pour éviter l'hypoglycémie de l'autre jour. Tant pis pour le régime !

Dernière heure : Ne surtout pas refaire la chanson du petit lapin bleu... pas envie d'entendre encore les éternels « schon wieder » ?...

13.00 : Zut, j'avais oublié... AG aujourd'hui, avec les petits en plus. Qu'est-ce que je vais leur faire faire ? À trouver d'urgence !

14.30 : Passer à l'appart, prendre le linge pour le Waschsalon, car plus aucune chaussette.

Aller au REWE d'en face pendant la lessive.

16.00 : rdv avec Elke pour Tandem.

18-18.30 : Faire les exercices sur le Konjunktiv I dans le U-Bahn.

Avant, passer au KVB à Neumarkt pour acheter la Monatskarte.

18.30 : Volkshochschule : rendre le Zusammenfassung à Atsuko. Lui demander si elle va à la Lesung du Museumsdienst de dimanche sur Gerhard Richter.

21.00 : Téléphoner à Philippe, lui dire de bien réserver une Mitfahrt pour venir à Cologne pour carnaval.

21.30 : Découper le papier doré des couronnes de la troisième école.

« On n'a pas l'habitude de se loger dans 25 m² » – S'installer

Les recherches sur les Erasmus ont montré l'importance du logement dans la manière de s'accoutumer. C'est un facteur non négligeable dans l'appréciation du séjour. Toutefois, un logement plus ou moins provisoire fait partie de la vie estudiantine. À l'instar de l'auberge espagnole, la colocation, la vie communautaire participe au sentiment d'exotisme et à l'aura mythique d'une fête sans fin qui entoure parfois dans les représentations sociales la mobilité étudiante. Pour les enseignants, en revanche, quitter le confort d'une habitation dans laquelle on est installé, pour un logement souvent moins confortable, plus étriqué, moins bien équipé, est un des défis majeurs à relever, mais aussi un lieu de tous les possibles :

> Alors moi, j'ai toujours eu de l'amour pour la France et avec l'échange, j'ai pu vraiment le vivre. Je me souviens encore de cette première situation, quand je me suis retrouvée dans mon petit appartement et que je me suis demandé comment j'allais caser toutes mes affaires, parce qu'on n'a pas l'habitude de vivre dans 25 m², mais finalement tout a tout bien marché. C'est peut-être vraiment extrême chez moi, mais il y a rien à faire, j'adore la France, j'aime la façon de vivre des Français, j'aime les Français et

> tout ce qui est français me faisait tout simplement du bien. C'est tout ce qui comptait. Tout était parfait, c'est tout [Heidrun, D/47].

L'aventure personnelle que représente ce changement souvent radical du lieu d'habitation peut engendrer un sentiment positif d'affranchissement social :

> Je me voyais habiter dans un petit studio avec mon camping-gaz, ma radio et un matelas pneumatique, mais rien qu'à cette idée-là j'étais heureuse. Alors évidemment avoir un studio meublé, à l'allemande, dans une maison familiale et en plus à cinq kilomètres de la plage, pour moi, pendant deux ans, j'ai eu le sentiment d'être traitée comme une princesse [Corinne, F/49].

Le regard rivé sur l'autre côté de la frontière, on ne prend pas toujours la mesure des gouffres susceptibles de s'ouvrir entre un quotidien douillet fait d'habitudes, solidement ancré dans une histoire personnelle et le nouvel environnement qui se révèle comme champ d'aventures à investiguer et dont le rythme quotidien trépidant n'a plus rien à voir avec le « long fleuve tranquille » par lequel on était entraîné jusque-là :

> Faut savoir que j'ai passé toute ma vie à Freiburg, C'est là que j'ai grandi, étudié, élevé mes enfants, j'y ai travaillé et j'en avais assez – je voulais enfin aller voir ailleurs, voir autre chose. Et puis je me suis retrouvée à Paris, dans les 17e et le 14e arrondissements, dans le quartier chinois, dans deux écoles et dans le 17e dans une école, avec de très très grandes classes, c'était très difficile pour moi. Mais je l'ai fait et je me disais : « Je suis à Paris, je vais y arriver. Je fais tout pour. Le plus important c'est d'être ici. » Mais c'était vraiment beaucoup – je donnais des cours à 480 élèves [Barbara, D/53].

Construire une nouvelle sociabilité

Au sens socio-anthropologique, l'étranger est défini comme quelqu'un qui arrive dans un groupe avec lequel il ne partage ni les évidences ni l'histoire. Non-appartenance au groupe, non-partage de mémoire collective et nudité sociale sont des caractéristiques principales de l'étranger. Cette définition par la négativité est ci-dessous illustrée :

> Je n'avais jamais déménagé avant, ce qui veut donc dire que, enfant, je n'ai jamais été obligé de recommencer à zéro dans une autre ville. C'était la première fois de ma vie en fin de compte, après avoir été intégré quelque part, que j'arrivais à un endroit où je recommençais vraiment tout à zéro. Quand on arrive, on n'existe même pas, on n'est même pas dans le bottin téléphonique. Seuls quelques initiés – et encore – savent que vous êtes là et ils ne vivent même pas dans

> le quartier. Alors, il faut s'activer, il faut essayer de reconstruire un réseau social. Ça, on n'a jamais à le faire dans sa vie parce que, même en Allemagne, on ne va jamais couper tous les ponts comme on doit le faire quand on va vivre à l'étranger. Là-bas, personne ne vous connaît, on parle une autre langue, à vous de faire le premier pas. Cela permet finalement de se rendre compte de la façon dont on s'engage dans une société ou à un endroit donné. Je suis là, dans mon appartement à Montpellier et personne ne sonne à la porte. Personne ne s'inquiète de savoir si je suis là ou pas [Thomas, D/43].

S'impose donc la nécessité de construire une nouvelle sociabilité, car, relevant de la dimension affective et relationnelle de l'expérience, les contacts sociaux et amicaux jouent un rôle crucial pour le bien ou mal-être dans le processus d'intégration et dans l'appréciation générale de l'expérience, d'autant que « l'apprentissage vécu de l'étranger s'effectue avant tout par l'intermédiaire des personnes que l'on rencontre, médiateurs involontaires et symboles de leur culture » (Murphy-Lejeune, 2003).

L'établissement de ce réseau se fait selon des modalités très diverses, en fonction des individus, des hasards, des besoins de contact. Il dépend également de la disposition des autochtones à entrer en relation avec l'arrivant. Installés dans le confort du sédentaire, les membres du groupe d'accueil ne ressentent évidemment pas de la même manière le besoin d'intégration sociale par le biais des contacts avec le nouveau venu. Il appartient souvent aux sédentaires de décider s'ils acceptent de transformer la proximité euphorisante qui est l'apanage des premières rencontres et de la séduction par l'étrangeté en relation personnelle plus durable.

Par conséquent, la démarche du nouvel arrivé est souvent volontariste, notamment dans les premiers temps où il s'agit tantôt de parer au sentiment envahissant de solitude, tantôt de pouvoir s'assurer d'un soutien émotionnel, pragmatique, pratique. Des contacts éphémères alternent avec des rencontres de personnes ressources qui ouvrent l'accès à d'autres réseaux. Une majorité d'enseignants déclarent cependant que des amitiés durables se sont établies en dehors de l'institution scolaire. Certains font preuve d'un remarquable esprit d'initiative et multiplient les démarches pour se faire des connaissances et établir des contacts. Adoptant une démarche volontariste, ils s'inscrivent à des cours, évitant parfois des cours de langue où on rencontre « des Russes, des Japonais, mais pas d'Allemands »; ils pratiquent des activités sportives et développent des compétences d'organisateur de voyage et de guide-traducteur pour les nouveaux amis :

> Ils sont venus en France cinq jours, donc j'avais organisé une petite rencontre. Ils sont venus à dix; avec mon club français, je leur ai

montré un peu des choses dans les Vosges, on a fait du canoë-kayak sur la Moselle, on a fait une marche sur le sentier des Roches et puis le tournoi en match amical et c'était rigolo, je devais faire toutes les traductions en même temps, donc j'étais fatigué à la fin [Yoann, F/26].

La construction de ce réseau, censé combler le vide relationnel des premiers moments, demande des efforts puisqu'il s'agit de s'inscrire dans un quotidien dont on ne partage pas les évidences, dans lequel on n'a ni racines ni traces que l'on peut suivre. En même temps, l'étranger – du moins celui qui ne vise pas une installation plus ou moins définitive – est comme dispensé d'un effort de longue haleine ; il est celui qui arrive aujourd'hui et repart demain. C'est un nouveau rapport au monde qu'il s'agit d'élaborer, un rapport où « le lieu fait lien » (Maffesoli, 2006), où tout repose sur la manière de s'accoutumer et de construire ses repères. On comprend alors que la quête de liens dans un lieu que l'on ne s'est pas encore approprié, avec lequel on n'est pas encore familiarisé, peut être ressentie comme artificielle :

> Il faut se forcer un peu, c'est pas si facile que ça. Parce que même si maintenant on dit oui c'est génial et qu'on a plein d'amis, au début il fallait quand même se pousser sinon ça marche pas, c'est un peu artificiel au départ mais après on dépasse ce côté [Paule, F/53].

Le désir de recréer un réseau social et amical procède la plupart du temps d'un besoin d'appartenance, de la crainte de ne pas être en mesure de faire face aux défis lancés par l'arrivée dans un univers nouveau. Même si le contexte, la maturité, une connaissance, voire une expérience plus ou moins grande de la société d'accueil peuvent faciliter l'insertion, il n'empêche qu'une véritable ambition personnelle est indispensable pour parvenir à pénétrer le cercle ordinairement clos du groupe qui accueille. En ce sens, les nouveaux engagements dans des liens sociaux, amicaux suscitent autant d'appréhension que de désir.

Acteurs et co-acteurs dans le tissage des liens

Mais cette quête de liens peut aussi porter atteinte à l'estime de soi, notamment lorsque le sens des attitudes et des comportements se dérobe :

> Il y a des gens qui posent des lapins, ça j'en ai eu. Le week-end, je me préparais : bon, alors le samedi de telle heure à telle heure je vais voir machine chose, après je vais faire ça avec truc et puis, Allo ? ou SMS : « Je suis malade, je suis fatiguée, oh je suis malade » (ou je ne me sens pas très bien), et voilà et le weekend arrive et on se retrouve tout seul, mais bon je me débrouille, je vais au cinéma,

> c'est pas grave, je vais pas en mourir, mais enfin à l'étranger, c'est plus dur d'être seul. Ça demande un effort de rencontrer des gens, c'est génial, mais/ Et puis il faut être de bonne humeur aussi, enfin faut pas gémir, t'es obligé de mettre plus d'énergie [Christine, F/51].

En prenant des initiatives, on se met à la merci de l'autre, on se livre au bon vouloir du groupe d'accueil qui décidera en fin de compte de l'admission ou non. La vulnérabilité induite par la non-appartenance se conjugue alors avec une asymétrie relationnelle, une posture de demandeur, de quelqu'un qui compte sur l'amitié pour apporter assistance, sécurité. Une telle posture place la relation sur un pied d'inégalité et porte en soi un potentiel humiliant :

> Puis des fois ça tombe à plat aussi. Tu fais une démarche et finalement/en fait des fois t'as l'air un peu con, quoi [Yoann, F/26].

Malgré l'ambigüité latente – est-on intéressant pour son exotisme ? Pour ses ressources en tant que locuteur natif ? Par intéressement ? Faut-il faire acte d'allégeance contre son gré ? – on ne renonce pas aux efforts nécessaires au tissage des liens :

> Moi, au début, à un moment je les écoutais ; je me disais : « Tiens qu'est-ce que je fais avec cette personne, elle me parle et puis non, non t'es en Allemagne, alors il faut rencontrer des gens hein, alors tu écoutes ce qu'elle te dit », et par moments on n'a pas forcément envie, mais il faut faire un effort pour rencontrer des gens, mais c'est génial [Paule, F/53].

L'exclamation « c'est génial » traduit bien un sentiment qui accompagne cette créativité spécifique des valeurs relationnelles naissantes, car « se dessine alors un autre rapport à l'autre plus cajoleur, plus ludique, prenant place dans un quotidien nouveau qui trouvera principalement sens dans une succession d'instants, précieux de par leur fugacité même » (Maffesoli, 2006).

Et parfois, sans que l'on ait eu à faire des efforts particuliers, il y a des personnages clés, des guides qui viendront en aide lorsqu'on se sent à la dérive. Telle cette enseignante qui était confrontée à d'importants problèmes dans sa classe et se trouvait en plein désarroi face à l'hostilité des enfants, des collègues et des parents. Elle a reçu le soutien inattendu d'un supérieur :

> Un conseiller pédagogique, enfin, *Ratgebermachin*. Heureusement qu'il est venu, parce qu'il a fait un super rapport, il a dit : « Ah, mais elle fait ça vachement bien, tout ce qu'elle fait. » Alors il avait détaillé ma leçon, comment je m'occupais des gosses, tout ce que j'avais amené et grâce à lui, au niveau des collègues, j'ai été quand

même acceptée, pour le restant de l'année. Mais au niveau des parents, ça n'a pas eu d'impact [Michèle, F/46].

L'apprentissage de la souplesse dans les relations sociales

Le réseau d'amis qui s'établira de manière plus ou moins durable sera aussi un lieu de résonance de la multiplicité des métamorphoses identitaires. Les diverses relations permettent de les mettre à l'épreuve, de jouer des emprunts, d'imiter les modèles ou, au contraire de s'en distancier. À ce titre, les relations amicales établies lors de l'échange sont aussi un lieu privilégié d'un apprentissage de type particulier et à géométrie variable. On y apprend l'adaptation en continu, à apprécier les liens sociaux dans leur légèreté, car se joue dans des instants d'interaction particulière, faite d'intensité dans ce qui est vécu et de densité dans la relation à l'autre. Le tissu social qui émerge alors comporte des relations éphémères, primaires, secondaires, avec des collègues, des compatriotes, des voisins, une diversité qui prend la forme d'une conquête d'un réseau souvent très panaché.

Épilogue

Das offene Fenster oder
Le Mercredi libre

Mercredi – étape entre deux phases de travail prenantes – on fait une halte. La fenêtre qui donne sur la cour de l'école est ouverte. Je me réveille. Où sont passés la cohue quotidienne des élèves qui arrivent, le rituel des au revoir, le claquement d'une portière de voiture qui se referme, le bruit d'un moteur qui démarre, le bavardage de quelques mères qui retardent le retour dans leur quotidien ? D'un coup, je réalise : aujourd'hui, c'est mercredi.

La grasse matinée… impossible. Ce silence ! Un rayon de soleil se glisse par la fenêtre, caresse mes fleurs et s'apprête à me chatouiller. Des oiseaux se bagarrent bruyamment autour des miettes qui sont rares aujourd'hui.

Je respire à pleins poumons et décide de faire honneur à cette matinée particulière. Tout est encore calme chez ma voisine. Je descends doucement les escaliers. Mince ! Encore tombée sur l'une de ces marches qui craquent quand on y pose le pied. Enfin, un échange pédagogique est aussi un échange pratique. La gamme des nouvelles choses à apprendre est sans limites. Par contre, je connais désormais les travers de la porte métallique de la cour d'école. Bavardage avec la boulangère – mercredi – le jour du croissant au beurre. Un oiseau gazouille dans mes fleurs – le concert du mercredi. Je réussis à remonter les escaliers sans bruit et très vite, le doux arôme du café au lait vient agrémenter ma lecture des journaux. Encore un bol. Comme c'est agréable que le journal du dimanche n'arrive ici que le mardi. Lui aussi contribue à donner au mercredi l'allure d'un dimanche. Les pages font un petit bruit quand je les tourne ; de l'autre côté de la paroi y répond le bruit de l'eau qui coule. La cafetière de la voisine est en marche et dans un instant, je vais entendre sa porte s'ouvrir. Ma voisine connaît par cœur chacune des marches qui craquent.

J'entends un « Oh, la puce ». Elle a trouvé les croissants devant sa porte et elle s'en réjouit. Moi aussi, je me réjouis, car avec elle, je suis vraiment bien tombée. C'est aussi grâce à ses bons conseils que mon année scolaire dans la banlieue de Paris se passera vraiment bien. Mercredi – le moment de préparer de nouveaux supports pour les cours – le feutre glisse sur le papier, les ciseaux se fraient prudemment un chemin à travers le papier. Le tube de colle a roulé. Il colle par terre. Bientôt l'heure de l'apéritif. Je m'occupe encore vite des fleurs et puis je descends les escaliers avec deux verres et deux bouteilles. Ça craque évidemment. Les chaises en plastique crissent sur le ciment de la cour quand je les tire au soleil. L'heure du kir ! Enfin la porte de la maison s'ouvre, deux assiettes plus les fourchettes arrivent. Dégustation du repas. Ma voisine et moi – nous – savourons notre mercredi. En haut dans la cuisine, mon linge tourne dans la machine à laver. Nous nous taisons, nous nous sommes déjà raconté tant de choses tout au long de cette année. Seule une question reste ouverte en ce mercredi. Quand est-ce que j'entendrai à nouveau ton rire – peu importe si c'est toi qui viendra me rendre visite au bord de la Mer Baltique ou si c'est moi qui te rejoindrai sur la côte atlantique, au far ouest ? deux mille kilomètres peuvent être si proches. Le mercredi me manque ! [Marie]

Chapitre 9

Expérience du décentrage et marginalité constructive

Prologue

Re-naissance
Par un beau jour de décembre, la folle décision je pris
De quitter famille, routine, cartable et petits farcis
Poussée par la seule envie de retrouver l'idylle enfouie
De ces années passées jadis dans ce pays qu'on disait ennemi.
Euphorique fut le départ, hilare du sud au nord le long voyage,
Masqués les ratés de l'arrivée par l'aveugle envie de tourner la page,
C'était sans compter que pour ce beau projet il fallait du courage,
Mais le désir fougueux d'immersion totale m'emplissait d'une incomparable rage.
Poubelle multi-bacs, sacs en tissu, chaussettes tricotées main en urgence je me procurai,
Les élèves français pour quelque temps j'oubliai, voire je regrettai,
À la spontanéité, à l'expression directe des élèves allemands je m'adaptai,
Avec eux d'inoubliables projets je vivais, de la langue de l'autre je me délectais.
Douceureux et faciles ne furent pas tous les jours,
Renaître et se plonger dans une autre vie est un sacré parcours,

> *L'équilibre entre deux vies il faut trouver et chaque nouveau jour avec le sourire aborder,*
>
> *En craquant parfois le soir pour, le lendemain, encore plus fort se relever.*
>
> *Oubliés déboires, angoisses et petits chagrins, tel le bonheur d'une naissance après les cris,*
>
> *Se plonger dans une autre peau, une autre vie, fait ressortir plus riche, plus fort et muri,*
>
> *Métamorphose par un nouvel éveil des sens et la renaissance des perceptions,*
>
> *Euphorique de découvrir un monde nouveau embelli par une si grande autosatisfaction.*
>
> Christine

Le déplacement – une expérience de décentrage extérieur et intérieur

Tout voyage commence par le franchissement d'un seuil, d'une frontière spatiale, qui « renvoie à la pureté des commencements, à une sorte de beauté virginale, riche de multiples possibilités » (Michel, 2002). Dans un premier temps, le passage de frontière signifie quitter un quotidien fait de familiarité et d'évidences qui, en raison de leur répétitivité et de leur insignifiance, ne sont que rarement questionnées et explicitées. Mais il permet aussi de couper, de décider d'opérer des choix, car « tout seuil résonne d'un appel et prépare la métamorphose de celui qui le franchit. La ligne d'horizon est la frontière qui sépare la sécurité, mêlée d'ennui, du risque, mêlé d'enthousiasme » (Le Breton, 1996 : 42).

Comme l'a montré l'ethnologue Arnold van Gennep (*Les rites de passage*, 1909), le changement de statut social qu'entraîne le passage se déroule en trois étapes, souvent accompagnées de rites : l'état préliminaire, marqué par la séparation du groupe, de l'état ou du lieu antérieur ; le liminaire ou la marge, où l'individu évolue à l'écart du groupe et vit dans un entre-deux ; et le postliminaire, à savoir le retour dans le groupe ou l'agrégation à un nouvel état. Dans l'état préliminaire, le seul fait de penser à ce que l'on va trouver de l'autre côté de la frontière participe à nourrir l'imaginaire. Les enseignants emploient volontiers des métaphores, pour saisir le sens de leur passage de frontière en termes d'autre chose : « Je pense que c'est une perche qui m'a été tendue » ; « Je me suis dit bon, allez, on passe le cap et on y va » ; « J'ai sauté à pieds joints dans la proposition quand elle m'est passée sous le nez ». De telles formules métaphoriques expriment d'une part les représentations associées aux modalités de passage et, d'autre part, elles en disent long sur un présent vécu sur un mode d'insatisfaction, de saturation et qui pousse à la rupture et au départ. Placé sous le signe de la transition et du passage, le départ de chez soi confère donc à celui qui se déplace une plus grande liberté de mouvement, non seulement d'un point de vue physique : « Vivre à l'étranger est un espace de liberté, un interstice au milieu des contraintes sociales, des exigences et des rôles. […] un espace qui prédestine à suivre de nouveaux modes de vie, à faire de nouvelles expériences et qui rend non seulement possible une flexibilité de la pensée et du comportement mais qui, plus est, l'exige même. C'est une occasion de s'essayer à vivre au-delà de structures fixes. » (Zschocke, 2006 : 73 ; trad. par nous)

La sortie de son monde et l'expérience du décentrage implique une prise de distance avec le familier, affranchit du poids du coutumier et remet en question des acquis et surtout des évidences. L'arrivée dans un quotidien inconnu, avec des éléments d'étrangeté ébranle profondément l'ordre sûr et le rapport de familiarité que l'on entretenait jusque-là avec les schèmes habituels de sa vie. Ceux-ci perdent alors leur caractère d'un ordre sûr. Cette « inquiétante étrangeté » du familier demande à être appréhendée et surtout interprétée ; la perte de repères tant linguistiques, communicationnels que socioculturels, apporte de l'inconfort et de l'insécurité et engage à reconstruire des repères et des réseaux, car la confrontation au différent, c'est une confrontation à l'énigme, à l'inattendu, à l'imprévisible : « La séparation provisoire avec la culture d'origine offre la précieuse occasion de sortir de l'écran parfois trop protecteur de la culture d'origine et peut procurer la grisante impression d'échapper aux injonctions parentales, aux contraintes portées par le milieu familial. L'expérience peut susciter un bonheur spécial, quelque peu insolent en s'associant volontiers à l'idée de transgression des normes sociales et culturelles. » (Perrefort, 2006 : 173)

En ce sens, la mobilité conçue comme passage de frontières est productrice de rapports inédits à soi et aux autres, dans une sorte de fièvre spécifique de l'atmosphère du moment. En engageant l'individu dans d'autres formes sociales et culturelles, le décentrage provoque une sensibilité à soi et à l'altérité rarement aussi mobilisée dans son propre quotidien et situe autant l'étranger dans l'autre que l'étranger en soi.

Une marginalité récréative et recréatrice

Lors des entretiens, la parole partagée laissait entrevoir des similitudes et des différences de sensibilité, mais elle donnait aussi à voir une identité devenue moins solide et cédant le terrain à des identifications fluides et multiples (Bauman, 2007). Dans cet état d'entre-deux, fait de tension entre permanence et changement, continuité et rupture, se dessine le début d'un « processus de métamorphose qui est au fondement d'une socialisation initiatique » (Maffesoli, 2006) et des apprentissages marqués par l'inachèvement mis en avant par la plupart des instituteurs :

> J'ai beaucoup d'amis qui, à cinquante ans, disent : « Oh, je me sens vieillir, enfin tous ces problèmes d'âge », eh bien moi, finalement, c'est la première fois qu'à cinquante ans j'ai pu faire enfin ce que je voulais, et plus je vieillis et plus je me dis que j'ai vraiment l'impression de faire plus ce que je veux qu'avant, comme une deuxième naissance. Mais je pense aussi que je n'ai pas encore trouvé la sortie, l'aboutissement de cet échange [Paule, F/53].

La mobilité s'assimile ainsi à une démarche initiatique consistant à se décentrer par rapport à son territoire familier tant extérieur qu'intérieur. À bien des égards, elle revient à un temps de marge et « la marge, comme le marginal, reste le lieu de toutes les potentialités » (Goguel d'Allondans 2002 : 134). Il est indéniable que les modalités spécifiques du programme d'échange sont propices à renforcer le sentiment de marginalité :

> En France, j'étais un Allemand qui a été rémunéré par l'Allemagne, ça veut dire que j'étais un peu en dehors du système. Je n'ai pas dû m'investir, je veux dire, je pouvais toujours rester à l'extérieur, et ça m'a bien aidé. À l'école, ni le directeur, ni l'inspecteur ne m'ont jamais posé une question, ne m'ont demandé quelque chose à part mes leçons d'allemand. Ça veut dire, j'étais intégré dans l'école, mais finalement, j'étais un peu « visiteur », on était invité. Mais on ne faisait pas membre du staff qui a tourné la grande roue de la vie quotidienne là-bas [Thomas, D/43].

Cette marginalisation récréative et recréatrice doit se concevoir comme un retrait constructif permettant d'entrer dans de nouveaux territoires, ceux de l'autre, mais surtout dans le sien, dans ce qui lui est le plus intérieur, car « rien n'est plus cher à l'éclosion que le retrait » (Héraclite) :

> Je ne me suis pas collé devant la télé, mais je suis sortie. Avant, ce n'était pas dans mes habitudes, mais cela m'a aidée, personnellement, à non seulement trouver un nouveau mode de vie, mais surtout un ressenti tout à fait nouveau face à la vie [Marie, D/56].

Pour certains, la construction du rapport à l'altérité passe par l'abandon de l'action, et à la sensibilité qu'induit le retrait s'ajoute l'apprentissage d'une nouvelle durée, celle de l'éphémère et du provisoire. Le temps de la rencontre, de la flânerie, de l'observation et de la conversation prend une importance cruciale et certains, à l'instar de Marie, saisissent cette occasion de jouir des richesses d'une temporalité fugace :

> Et puis je suis beaucoup sortie, je me suis baladée dans les musées, les châteaux, les parcs, tout était tellement beau. Et puis j'ai

> commencé à observer les gens. Avant, j'avais jamais le temps de faire ça. Toujours les enfants, toujours à faire, toujours le travail. Et j'ai observé ce qui se passe dans les parcs, ces enfants qui sont gardés par des nounous, parce que les parents travaillent le mercredi, tous ces phénomènes que je ne connaissais pas. Je me suis assise sur un banc avec mon pique-nique, il y a des gens qui m'ont regardée bizarrement, d'autres ont souri, et petit à petit j'ai découvert pour moi un univers nouveau dans ce rythme étranger, étranger au début et que je me suis approprié à un tel point que ni la télé ni ma famille m'ont manqué [Marie, D/56].

« Un hédonisme relatif vécu au jour le jour » (Maffesoli, 2006) semble caractériser cette forme spécifique d'intensité sociale et individuelle de l'expérience mobilitaire. L'échange se présente alors comme une sorte de parenthèse enchantée, aux effets presque thérapeutiques, « un creuset où s'élabore un rapport à l'autre en pointillé, non pas le plein de raison, mais le vide de sens, l'interstice permettant justement parce qu'il est creux, d'accueillir l'autre » (Serres, 2004). À ce titre, il mène à apprécier mieux le bonheur de vivre, à retrouver parfois le sens perdu dans un quotidien devenu banal et pesant, à le libérer des entraves et à le ré-enchanter.

Entrer dans de nouveaux territoires identitaires

L'enfermement dans une identité figée cède le terrain au lâcher-prise et l'échange ressemble à une resocialisation qui s'exprime de façon très diversifiée. Si Heidrun affirme avoir perdu sa peur et se sentir en mesure de relever désormais n'importe quel défi, le lâcher-prise se concrétise aussi dans un sentiment d'affirmation de soi :

> La chose la plus importante pour moi, c'est que j'ai perdu ma peur. Oser s'aventurer vers l'extérieur, franchir le pas, faut bien avouer que ce n'est pas si facile que cela, et maintenant cela ne me pose plus aucun problème. Maintenant, je vais là où on veut que j'aille, j'accepte n'importe quel travail, ça m'est égal. J'ai l'impression qu'il n'y a aucun défi que je ne saurai relever et ça, c'est grâce à l'échange [Heidrun, D/47].

Il en va de même pour Paule qui ressent les effets de sa mobilité comme une résilience :

> Quand j'étais plus jeune, j'étais assez agressive, je savais dire assez bien non, enfin, mais même peut-être pas très bien, peut-être je ne contrôlais pas les mots, c'était impulsif. Après, je me suis tue, il fallait être parfait, dans les rails. Et à cinquante ans, je dis : « Et moi, là-dedans, s'il vous plaît ? » Donc, c'est un autre non, ce n'est

pas celui de mes vingt ans, c'est plus raisonné. Et finalement, c'est la première fois qu'à cinquante ans, j'ai pu faire enfin ce que je voulais, c'est comme une deuxième naissance [Paule, F/53].

Pour d'autres, le décentrage et son temps de marge sont moins ressentis comme métamorphose que comme une sorte d'éveil à soi-même, une entrée conscientisée dans son propre territoire, dans son intériorité la plus intime, grâce à ce détour par l'étranger :

> Je n'ai pas l'impression d'être différent. Certes, la pratique a changé parce qu'on vit une expérience nouvelle, mais je n'ai pas l'impression d'être un autre qu'avant le programme. Parce que moi, je vois la différence, parce qu'il y en a qui expriment le fait d'être quelqu'un d'autre, enfin quelqu'un d'autre on s'entend, mais voilà de passer carrément à autre chose ou d'avoir découvert/ c'est pas le sentiment que j'ai. Moi, j'ai l'impression qu'il y avait toujours ça, enfin que je n'attendais que cela comme une révélation, c'est donc le déclencheur qui fait qu'on va pouvoir se réaliser, qu'on va pouvoir fonctionner vraiment, peut-être que ça me correspond en fait [Paul, F/29].

D'autres encore consolident, solidifient leur sentiment d'appartenance au groupe d'origine et considèrent le déplacement spatio-temporel comme coupure récréative avec le quotidien mais sans incidences apparentes dans les habitudes et ambiances qui restent familières :

> J'étais Allemand avant, Allemand aussi en France et aussi après. Finalement, on est Allemand de l'intérieur, même si on s'applique, mais très profondément, je suis resté ou je suis Allemand [Thomas, D/43].

On voit dans ces témoignages que le décentrage et les changements qui s'ensuivent sont présentés non pas tant comme une fin en soi, mais comme un processus d'apprentissage de soi et des autres, comme une construction perpétuelle de son soi en devenir. À partir de cette mobilité-là, l'expérience ne peut plus se concevoir comme une parenthèse, mais s'intègre et prend place dans une trajectoire personnelle :

> L'échange pour moi n'a justement pas été une parenthèse, dans le sens où j'essaie de ne pas la fermer cette parenthèse, moi j'essaie d'avoir un tremplin. Mais un tremplin multiple quoi, c'est-à-dire aussi bien du point de vue personnel et du point de vue de la confiance en moi, par rapport à mon métier, par rapport à ce que je peux apporter, par rapport à ce que je fais en classe quoi. J'ai beaucoup plus d'assurance, par rapport à ce que je dis et ce que je fais, ça a été un tremplin professionnel, puisque les choses évoluent voilà et il y a eu un réel changement, donc oui c'est clair je suis revenu différent [Paul, F/29].

Dans un premier temps, le fait de se retrouver seul, séparé des siens, plonge dans un désarroi, mais qui est, la plupart du temps, passager, notamment si le déplacement s'assimile à une quête presque spirituelle, pour trouver des réponses plus adéquates à des interrogations ou encore à un passage vers une nouvelle phase de sa vie. C'est en tout cas le sens qu'élabore Paule de son expérience :

> Moi justement, je suis partie en Allemagne en laissant à Paris mon fils et mon ami. Mais j'étais très contente d'être en Allemagne seule, d'avoir mon expérience seule. Par moments, je me sentais un peu isolée, mais je pense que c'est ce que je voulais, ça m'a permis de faire un retour sur moi-même. J'écrivais un journal intime, chez moi, je n'aurais jamais fait ça. Et c'était très intéressant pour moi d'être seule, au contraire. J'ai rarement eu le cafard d'être isolée. Puis, j'ai rencontré des personnes allemandes, donc, c'était très bien, mais cette solitude m'a fait du bien. Elle était constructive à cette époque de ma vie [Paule, F/53].

S'affranchir d'entraves personnelles

La notion d'autonomie soulignée dans toutes les recherches sur la mobilité scolaire et académique, revêt dans la mobilité enseignante un sens tout autre. Ce n'est pas tant une autonomie acquise, par exemple gagnée vis-à-vis des parents (encore que dans certains cas, cela peut y ressembler, comme nous l'avons décrit plus haut), mais d'une certaine façon une autonomie « regagnée » par rapport à des contraintes liées à la vie familiale : « Une seule personne à gérer : moi. Au lieu de cinq. » Passer d'une situation stable et bien établie, d'un confort du quotidien à l'inconfort d'un provisoire entre, selon des modalités et des degrés divers, en résonance avec un état antérieur, d'avant la carrière, d'avant le couple, d'avant la famille. Sorte de réminiscence d'une logique d'étudiant, d'un passé de jeunesse que l'on pensait révolu : « Vivre à quarante-trois ans ce que beaucoup vivent à vingt ans. Une grande chance », comme le note une des participantes dans son questionnaire. Ces retrouvailles avec l'indépendance sont tout autant source de bonheur – « La plénitude de n'avoir que moi à gérer » – que de solitude et de craintes : « J'avais peur d'échouer sans famille et à mon âge [*i.e.* 58 ans]. » Exposé aux bourrasques du nouvel environnement, l'individu est renvoyé à lui-même, allégé d'une identité sociale qui a parfois pu être ressentie comme contraignante. Les prises de risque de toutes sortes contribuent à l'affranchissement d'entraves sociales, doxiques, familiales ou encore personnelles :

> Moi, je dirais que j'ai pris énormément de confiance en moi. Donc, j'ose plus faire les choses et c'est comme si j'avais grandi et que

> j'étais sortie de l'adolescence et que j'étais enfin devenue adulte et que, du coup, j'accepte de prendre ma vie en main. Ce n'est pas qu'on ne voulait pas me le laisser faire, mais j'ai réalisé que j'avais un pouvoir de décision qui n'était remis en question par personne [...]. Quant aux conditions de mise en œuvre, ce ne sont pas les autres qui doivent me les imposer, elles ne viennent pas de l'extérieur, ce que je ressentais comme de l'imposé, c'est moi qui me l'imposais. [Corinne, F/49].

Les liens font donc question, sont remis en cause et, ce faisant, est posée la question de la liberté personnelle. La conséquence en est un regard plus libre, mais aussi plus distancié sur l'environnement familier et familial, regard qui invite à revisiter les liens tant sociaux, familiaux, imaginaires qu'affectifs, mais aussi l'idée que l'on se faisait jusque-là de soi-même. Une vision confinée des choses cède alors le terrain à un regard devenu plus compréhensif, en raison d'une prise de conscience de la pluralité des codes, des normes, des valeurs et des comportements :

> Je me rends compte à quel point je suis atypique, à quel point je ne me sens pas de ce pays parfois, et à quel point je comprends finalement les étrangers et puis en même temps, quand je vais en Allemagne – et c'est ça qui a été important pour moi –, je me rends compte à quel point je suis pétri, je suis formé de culture française, quelque chose que je ne remarquais pas, je suis vraiment Français jusqu'au très fond, laïc, gratuité etc., républicain, c'est pas quelque chose dont je pouvais me rendre compte en France [Paul, F/ 29].

La mise en perspective des deux pays, des deux cultures et langues équivaut à mise à distance et cette prise de distance revient à relativiser et à poser un regard plus critique sur le familier, car comme le rappelle Todorov (1986 : 21), « le meilleur croisement des cultures est souvent le regard critique qu'on tourne vers soi ». Cette transformation du regard est présente dans de nombreux témoignages :

> Je pense qu'il y a une ouverture d'esprit en France par rapport à certaines choses, et puis il y en a une autre en Allemagne par rapport à d'autres choses, mais il y a des choses qui me gênent chez les Allemands et il y a des choses qui me gênent chez les Français. Je pense que nous/ oui je pense qu'on fait bien la synthèse de tout ça parce qu'on s'est pas non plus installés en Allemagne, donc je pense que quelque part on fait la synthèse des deux [Annick, F/52].

Sentiment de déterritorialisation et transformation du regard

La prise de distance et l'affranchissement d'entraves font émerger un sentiment de déterritorialisation. En effet, le territoire connu est celui où l'on a ses repères, ses habitudes de comportement et de pensée, de jugement et d'appréciation, sans mise à distance ni remise en question. Le déplacement spatio-temporel signifie sortie du territoire, aussi bien de celui pensé en termes d'appartenance que de celui pensé sur un plan symbolique en termes de possession.

Cette sortie entraîne la découverte de « l'étranger culturel » en soi : « La mobilité apparaît comme le ressort d'une reconstruction identitaire, ou du moins d'une revendication d'identité qui trouve dans le récit de vie le dispositif narratif où a lieu la prise en charge de sa propre pluralité et du sentiment de dépaysement après la migration : le récit de vie devient alors un des pays possibles dans toute déterritorialisation du soi. » (Cogningi 2009 : 22)

Par l'expérience de la mobilité, le sentiment d'appartenance à un seul territoire, aux lieux, se relativise. Les chez-soi se multiplient, car ce sont désormais des lieux où on a vécu et tissé des liens et l'espace vital devient portable et mouvant (Murphy-Lejeune, 2003). À partir de là, « se libérer des origines » n'est plus considéré comme une perte, mais comme la conquête d'un nouvel espace de liberté. Dès lors, un regard nouveau et restructuré se substitue à une grille de lecture incorporée et amène à reconsidérer l'espace social familier. Cela peut se matérialiser dans de petits détails de la vie quotidienne, mais qui laissent entrevoir des changements plus profonds touchant non seulement l'individu mobile, mais aussi son entourage :

> En France, j'ai appris à préparer un repas chaud le soir, ça n'existait pas chez nous à la maison, il y avait du pain, quelque chose à mettre dessus, des fois un peu de salade, un fruit. Donc, en France j'ai fait la cuisine le soir et mes trois enfants continuent à le faire dans leurs familles. Et c'est là que je me dis que notre échange a aussi des retombées sur les générations à venir. Maintenant, on parle même à table, nous prenons notre temps [Marie, D/56].

Ainsi, malgré des moments de solitude, de difficultés et de crises, le séjour équivaut à une expérience libératrice faite d'autonomie et de découverte d'autres normes, de valeurs et de potentialités.

Parmi le potentiel formateur de cette expérience libératrice il y a le fait d'avoir eu à braver des obstacles langagiers. Cela fait prendre conscience de la futilité de certaines angoisses, comme par exemple des sentiments d'insécurité dans certaines situations de communication y compris dans sa langue maternelle et dans un environnement familier :

> Une simple chose en fait, j'avais très très peur, au départ et le fait d'avoir réussi à faire des choses en Allemagne, je dis : si j'avais la langue parfaitement, ce serait super et donc, quand je suis revenue en France, j'ai dit : là, j'ai des mots alors, normalement, ça devrait marcher alors, que ce soit en classe, que ce soit dans l'administration, que ce soit partout... J'ai dit : Ben là, je peux vraiment m'exprimer dans ma langue donc, c'est plus flexible. Et ça fait sauter vraiment des barrières que tu t'imposes. Tu crois que tu ne vas pas y arriver, tu ne te fais pas confiance et le fait d'y arriver en fait, tu dis : Oh, vraiment, j'y arrive, je ne suis pas plus bête qu'une autre [Stéphanie, F/36].

Une dialectique entre le proche lointain et le lointain proche

C'est dans le milieu scolaire, lieu de transmission des savoirs en même temps que lieu d'affrontement de représentations sociales différentes, que les différences culturelles sont le plus ressenties, et donnent lieu à des sentiments de déstabilisation. Confronté à un système d'enseignement et de cultures éducatives parfois aux antipodes de ses propres habitudes, on se dit désorienté, certes, mais on regarde l'école de l'autre avec une curiosité ethnologique, cherchant non seulement à saisir les différences, mais à en comprendre les raisons et les fondements.

Selon les résultats de notre enquête par questionnaire, les enseignants notent des différences saillantes entre les cultures éducatives. Ainsi, par exemple, on estime que, centré sur l'enfant, l'enseignement est plus ludique en Allemagne et vise l'apprentissage social. En France, l'enseignement serait plus théorique et rigoureux, centré sur l'élève et son travail. Aussi les élèves français sont jugés comme étant « disciplinés », « obéissants », « calmes », « apprenant tout par cœur » ; tandis que les élèves allemands seraient « spontanés », « bruyants », « créatifs » et « plus autonomes ». Si l'accueil que les collègues, ainsi que les supérieurs hiérarchiques, ont réservé aux nouveaux venus semble avoir été plutôt positif dans la grande majorité des cas, les jugements sur les conditions de travail sont plus nuancés. Sont en cause pour les Français des « pauses midi trop courtes », « le manque de discipline », « les effectifs trop importants en classe » et pour les Allemands, souvent contraints d'enseigner dans plusieurs écoles, le fait de « ne pas avoir sa propre classe » ou d'avoir à se déplacer plusieurs fois par jour vers des établissements différents. Que ce soit en Allemagne ou en France, les enseignants mettent en œuvre une grande diversité de moyens pour enseigner leur langue dans le pays de l'autre. Ces moyens sont souvent inédits et d'une grande originalité. Il nous semble particulièrement important d'insister sur le fait que les instituteurs ne peuvent pas simplement adopter des pratiques et comportements pédagogiques déjà disponibles (et s'ils le font, ils s'aperçoivent vite de leurs limites), mais sont obligés d'inventer en une large mesure eux-mêmes les règles du jeu.

Une source de bonheur intense est l'utilisation spontanée des acquis linguistiques par les enfants et ceci souvent en dehors de l'institution scolaire : « Le bonheur : lorsque je suis dans la cour et que j'entends les enfants chanter "Dans mon pays de France" ou "Un, deux, trois, claque des doigts" » ; « Être salué en allemand lorsqu'on se rencontre au supermarché ». Les efforts sont couronnés de succès, puisque l'écho auprès des enfants et des parents d'élèves est grand : « Mes élèves d'origine étrangère brillaient souvent en cours de français » ; « Même les élèves plus faibles avaient plaisir à venir en cours d'allemand. » Les parents s'émerveillent devant l'accent en allemand ou en français de leurs enfants ; ils soutiennent des échanges et séjours et s'y investissent, ou viennent nombreux à de petits spectacles en langue cible organisés par les instituteurs.

Contrairement aux étudiants en mobilité, un enseignant mobile enseigne sa langue tout en étant soi-même apprenant de la langue de l'autre, à quelques exceptions près. Cela instaure une dialectique permanente entre le proche et le lointain, une réflexivité où ce qui était proche se voit mis à distance et prend des traits d'étrangeté, à savoir sa langue, sa culture, son milieu et où ce qui était lointain – la langue, le quotidien de l'autre – se voit domestiqué et est progressivement investi de familiarité. Ce processus permanent, tant sur le plan professionnel que personnel, oblige à s'interroger sur son propre rapport au Même, à l'Autre, sur ces processus d'altérisation et d'identification que sont tour à tour les rapprochements du lointain versus l'éloignement du proche. Cette dialectique induit une sensibilité amplifiée aux interstices et augmente le sentiment de responsabilité vis-à-vis du rôle de médiateur, car il ne s'agit non seulement de transmettre un savoir, mais de faire évoluer des représentations et de s'enrichir mutuellement, réciproquement par et dans les pratiques :

> C'est une autre manière de concevoir la vie. C'est un autre sentiment de succès au travail, on n'est pas prisonnier de cette routine allemande, mais c'est un donnant-donnant avec les collègues français, ce sont deux façons totalement différentes d'enseigner qui se confrontent. Voilà par exemple comment j'ai fait. Il y avait les classes uniques où les CM1 et CM2 étaient ensemble, le cours durait soixante minutes. Quand j'arrivais, les collègues ont pris pendant trente minutes leur CM1, j'ai commencé l'allemand avec les CM2, ça soulageait les collègues français et c'est pour ça qu'ils étaient prêts à échanger avec moi sur nos méthodes et d'apprendre l'un de l'autre. Parce qu'en principe, ils sont plutôt réservés à notre égard, ils ont leur système, où on apprend par cœur, on écrit au tableau, c'est

du frontal, frontal, frontal. Et nous, on arrive avec notre travail en groupe, des jeux et dialogues et ceci et cela [Marie, D/56 ans].

On remarque dans ce témoignage que ce rôle de médiateur n'est pas donné d'emblée rien que par sa simple présence dans l'école de l'autre. Du moins au début, l'instituteur qui arrive « d'ailleurs » est regardé avec une certaine suspicion et fait objet de catégorisations qui l'instituent comme « natif » représentant de sa langue, de sa culture. On lui attribue inévitablement des comportements jugés « typiques » : trop libres et ludiques pour le côté allemand – « Ah, voilà l'Allemand. Il va commencer par enlever les chaises et les tables », ou trop sévères et stricts pour le côté français : « Les parents entre eux se sont monté un peu la tête donc du coup on disait "Oh la Française là, laisse-la, c'est pas la peine". »

Une telle catégorisation culturelle peut mener à une « encapsulation » de celui qui en fait l'objet, mais aussi de celui qui l'énonce. Elle permet ou met en place un discours sur la différence qui peut devenir une « camisole de force pour soi et pour autrui ». Car interagir en soulignant une identité culturelle de soi ou de l'autre correspond à la mise en fiction d'un moi ou d'un autre imaginé et solidifié par des signes d'identité culturelle, à leur tour basés sur des représentations, des auto- et hétérostéréotypes et qui sont activés dans la rencontre, au gré des relations de pouvoir et des enjeux réciproques.

Cette forme spécifique d'aliénation ressort aussi du témoignage suivant où le narrateur évoque la pression qu'il a subie lors de son arrivée dans l'école allemande :

> Alors au début, le directeur m'avait dit « Il faut vous débrouiller pour leur donner à nouveau envie de faire du français » ; alors le premier cours j'avais eu peur donc il avait fallu que je me transforme en clown, Alors ça m'avait énervé et parce que j'avais dû faire / me vendre, c'était comme des clients quoi [Paul, F/29].

Comme toute forme de rencontre entre individus issus de cultures différentes, l'échange porte en soi le risque de discours culturalistes, de procédés discursifs d'homogénéisation et de pérennisation de stéréotypes, ce que de nombreux travaux ont pu montrer au sujet de la mobilité étudiante. Ce risque de stéréotypisation et de discours culturalistes n'est pas complètement évincé dans la mobilité enseignante, comme l'illustre l'extrait suivant où le narrateur émet des jugements stéréotypés sur la langue qui sont autant de jugements sur les locuteurs :

> Je dirais qu'on est beaucoup plus cartésien, parce que ce qui me plaît dans la langue allemande déjà, c'est cet esprit beaucoup plus cartésien, moi j'ai besoin de choses cadrées, et je suis à l'aise en Allemagne parce que les choses sont cadrées [Corinne, F/49].

Toutefois, la tentation du discours culturaliste et du stéréotype se trouve nettement atténuée, à la fois en raison de la dialectique entre le proche et le lointain, mentionnée plus haut, mais aussi en raison de la très grande diversité de leurs contacts sociaux (les enfants, les classes multiethniques, les parents d'élèves, les collègues, supérieurs etc.) et, par conséquent, de discours, de ressources communicatives, d'apports hétérogènes et diversifiés qui préviennent des interprétations simplistes et stéréotypées. Nous avions déjà fait un semblable constat lors de nos recherches sur la mobilité scolaire dans le cadre du Programme Voltaire, qui présente à certains égards des similitudes – dialectique entre le proche lointain et le lointain proche, en raison du principe de réciprocité et la grande diversification des contacts sociaux. En comparant le recours aux stéréotypes dans la mobilité académique et scolaire, nous étions arrivé au constat : « Contrairement aux étudiants Erasmus, les procédures d'interprétation des élèves attestent une capacité réflexive assez élevée dans lesquelles les stéréotypes nationaux comme instrument herméneutique ne sont que très peu sollicités. Le double vécu de l'altérité – accueillir l'autre différent chez soi et être à son tour l'autre différent –, ainsi que l'étayage de la construction du sens par les apports polyphoniques du milieu d'accueil ont certainement contribué au développement d'une telle capacité. Un tel étayage semble avoir fait défaut chez les Erasmus, ce qui peut expliquer le maintien, voire le renforcement de stéréotypes et le faible enjeu des expériences langagières. » (Perrefort, 2008 : 88)

Chapitre 10

Le retour – entre nostalgie et sentiment de distinction assumée

Les dix commandements du retour en France

1. Les mouchoirs en papier tu prévoiras.

2. La déprime tu connaîtras.

3. Les mécanismes de la routine tu reconnaîtras, en bloc tu ne les accepteras.

4. Profit de ton expérience unique tu tireras.

5. À rebondir tu apprendras.

6. Tes expériences jenseits des Rheins avec ton entourage tu partageras.

7. Allemand aux élèves lors de ta première rentrée scolaire en France tu parleras.
Même si tu enseignes l'anglais…

8. Sur les véhicules qui ne laisseront pas la priorité au piéton que tu es devenu, tu brailleras.

9. Les pistes cyclables, Eiskaffee et autres Biergarten désespérément tu chercheras.

10. Ton prochain séjour en Allemagne tu attendras. En attendant, le Traité de l'Élysée et l'Ofaj tu béniras.

Prologue

Le retour vu par Laurent

Retour à la réalité française

La rigueur et la discipline française ont toujours été pour moi un costume difficile à enfiler et à porter.

Je trouvais qu'on en faisait peut-être parfois un peu trop.

Mes élèves allemands avaient surnommé l'école française voisine das Kloster, le monastère...

Tout est dit... Ou presque.

Je me rappelle un lundi où j'allais avec un groupe allemand rencontrer les partenaires français pour des activités en commun. L'école française n'était qu'à 5 minutes de là.

Le maître français nous accueille, droit comme un I, les bras croisés et déclame d'un seul souffle : « J'aimerais bien qu'il y ait moins de bruit, les autres classes sont au travail ! »

Et le prof français a toujours le chic pour clouer le bec du dernier récalcitrant : « Tu n'as pas compris ? » Sa voix montait telle la Castafiore faisant ses vocalises.

« J'adore l'Allemagne, pensai-je alors, pas besoin de se ranger, on a le droit de parler dans les couloirs »... « Nooooooooooooooon, c'est pas vrai ?! » me disent les collègues restés en France.

Mais voilà, chassez le français, il revient au galop.

De retour en France je demande mon inspection.

Fraîchement installé dans mes nouvelles fonctions, je présente des séances en allemand.

Fin d'inspection... et là, c'est le drame !

La musique de Psychose résonne dans ma tête quand je vois l'inspectrice dans son tailleur noir strict, avachie sur sa chaise, les mains dans les poches.

« De quoi j'ai l'air ? », me lance-t-elle. « D'une inspectrice ? »

Eh bien, là, franchement.

« Eh bien vous c'est pareil, vous avez parfois une attitude nonchalante trop éloignée du modèle que doit être l'enseignant ! »

Je sens alors la chaleur monter en moi, non pas celle que vous imaginez mais celle que l'on ressent en pensant en soi-même « Ouah non la hooooonte »

« Vous vous êtes bien plu en Allemagne ? me lance-t-elle alors, l'attitude plus décontractée des Allemands ? »

C'est sûr je l'avais bien intégrée, certainement trop. Je sens arriver sur moi une batte de base-ball avec une inscription « Retour en France ».

Bing, sur la tête ! Il va falloir vite oublier la décontraction à l'allemande.

En Allemagne, il existe encore un coin lecture avec un canapé en dernière classe, on a le droit de boire en cours. Chez nous, le coin repos disparait dès la fin du CP.

Et là, l'inspectrice me réexplique l'intérêt d'une telle discipline et rigueur en classe, j'avais l'impression de voir mes heures de préparation et mon cahier journal modèle relégué au second plan et fondre comme neige au soleil... ou plutôt sous les UV *de la discipline française...*

« Vous devez ressortir du placard votre costume de prof français ! »

Moi, remettre un costume déjà parfois trop étriqué pour moi ? Pensez-vous, quinze kilos pris en deux ans en Allemagne, là c'est à coup sûr les coutures qui sautent !

Mais je suis en bonne voie... je me convaincs de l'intérêt du système et en tire profit (le débat est ouvert) et surtout j'ai déjà perdu quatre kilos pour renfiler le costume.

Me voilà telle une Castafiore : « On sort son cahier rouge ! »

« Tu n'as pas compris ? »

« On écrit la date à 4 carreaux de la marge et on souligne à la règle au stylo rouge ! »

Le retour « chez soi » : un long processus de réintégration dans un familier étranger

On désigne généralement par choc culturel les sentiments éprouvés par la déstabilisation des repères, des liens sociaux dans le contexte d'un déplacement spatio-temporel. Selon les contextes, les individus, l'accueil et bien d'autres paramètres, les chocs émotionnels peuvent être plus ou moins intenses. Les études ont montré qu'après une période initiale, plutôt de courte durée et caractérisée par un sentiment de bien-être, d'euphorie, un esprit de découverte et une activité psychomotrice renforcée, suit la période de l'arrivée psychique, où émergent des réactions diverses devant les difficultés initiales – méfiance, anxiété, dépression et même manifestations psychosomatiques. Parfois l'expérience peut atteindre son paroxysme dans un sentiment d'anomie aiguë. En tout état de cause, le déplacement constitue un état transitoire offrant à la fois l'opportunité de changement mais comprenant aussi son lot de fragilisation. Comme le dit très justement l'ethnopsychiatre M. Erdheim : « Se sentir étranger peut déclencher dans certaines circonstances des régressions, on redevient enfant et c'est dans cette position que l'on subira le monde étranger dans lequel on vit comme méchant et mauvais. » (1988 : 245) Dans le même ordre d'idées, Michel Serres affirme qu'« il n'y a pas d'apprentissage sans exposition, souvent dangereuse, à l'autre » (1991 : 28-29).

Dans la mobilité qui nous intéresse, le choc culturel à l'arrivée n'a été que très peu évoqué dans les témoignages. Lorsqu'il est question de l'arrivée, c'est plutôt l'euphorie qui est mise en avant :

> Ce n'était pas un choc, c'était du pur bonheur. J'ai dû me pincer sans arrêt et me dire maintenant tu es vraiment en France. Et quand j'ai mis la radio ils parlent vraiment français et toi tu es vraiment à Pontoise. J'ai mis du temps pour réaliser où j'étais [Heidrun, D/47].

Le modèle du choc culturel, avec son déroulement chronologique, représentant en U ou en W les hauts et les bas qui ponctueraient le séjour, est un modèle relativement statique et semble assez peu convenir pour saisir l'échange en termes de phases successives, plus ou moins prévisibles selon les hypothèses du concept du choc culturel. Ce concept fait surtout l'impasse sur le caractère dynamique et constructiviste du processus d'adaptation et évacue le rôle des interactions avec les co-acteurs. Car la rencontre avec l'autre différent amène de l'inconfort, représente pour chacun des acteurs un défi, sinon une épreuve, requiert de l'empathie réciproque et la disposition d'admettre le doute et l'ambiguïté. Chacun doit fournir des efforts considérables d'adaptation, accomplir des tâches souvent inédites, commandées par l'asymétrie de la situation et qui rendent nécessaire un retour réflexif sur soi-même –tâches auxquelles ni l'un ni l'autre ne sont souvent que peu sensibilisés, et encore moins préparés. L'inconfort conversationnel qui caractérise ce type d'échange, conjugué à l'effort communicationnel soutenu retentit sur la perception de soi et de l'autre, et réciproquement. C'est pourquoi, même si la première phase est exaltante, fusionnelle, riche en marqueurs de bonne volonté (Perrefort, 1990), elle peut vite céder le terrain à une relative indifférence et à un faible degré d'interactions. Le non-ordinaire du mobile se vit en effet dans l'ordinaire des sédentaires. Et à tout moment, l'élaboration d'un sentiment d'appartenance peut se voir remise en question, brouiller à nouveau les repères, amener du stress et de l'anxiété. On peut alors comprendre l'importance du quotidien. Le décentrage qui s'opère met en jeu un processus qui permet aux sujets d'éprouver et d'expérimenter dialectiquement un sentiment d'ouverture-fermeture aux autres, d'exclusion-inclusion, de mobilité-immobilité, de découverte de la différence et de la ressemblance, de repli et de mimétisme, d'idéalisation et de rejet, interrogeant aussi l'ethnocentrisme et le sociocentrisme du regard.

Même si la connotation de négativité et de violence associée au concept de « choc » ne correspond guère à la manière dont les instituteurs ont décrit le processus d'adaptation, il n'empêche qu'ils ont pu vivre des moments de doutes et de remise en question tout au long de leur séjour.

Cependant, les motivations, le volontarisme ou encore le fort désir d'ailleurs ont facilité le processus d'adaptation et protégé en quelque sorte les individus contre des tourments intérieurs trop violents. C'est surtout la redéfinition de l'espace intérieur et des liens, ainsi que la reconquête de l'estime de soi, qui ont mobilisé plus de sentiments de bonheur et de fierté que d'anxiété ou de douleurs. Cela ne veut nullement dire – et les témoignages en sont la preuve – que le processus de transformation se soit déroulé de manière linéaire, exempt d'interrogations, de doutes, de passages difficiles. Une certaine vulnérabilité semble même être le prix à payer pour que la mobilité spatiale soit effectivement assimilée à la mobilité identitaire, et ouvre la voie au développement de nouvelles compétences sociales. Et si douleur il y avait, elle s'estompe devant le sentiment de réussite d'avoir su relever le défi de l'étranger et d'avoir pris conscience que l'identité se fonde « sur le devenir plutôt que sur l'être, sur l'expérience biographique et historique plutôt que sur la fatalité de l'origine, et provient d'un curriculum vitae plutôt que d'un certificat de naissance » (Wollen, 1994, cité in Murphy-Lejeune, *op. cit.* : 177).

Les recherches sur la mobilité ont, jusqu'à présent, accordé relativement peu d'attention à la problématique du retour. Ceci peut s'expliquer par le fait que le terme « retour » évoque l'idée de revenir simplement à ses habitudes d'avant et de reprendre sa place laissée provisoirement vide dans une structure sociale familière. Lui est également associée la représentation d'un sentiment d'appartenance statique à un groupe, à une langue, à une culture – bref, on est à nouveau « chez soi ». Il existe un large consensus sur le fait que le retour est une période de transition cruciale. Dans un article consacré au processus de réintégration de coopérants après un séjour de longue durée dans des pays émergents, Winter (1996) met en garde contre le fait de minimiser les effets du retour sur les plans personnel, professionnel, psychologique.

Dans une autre étude, Hirsch (1992, cité *in* Scharbert, 2009) montre que le retour et les efforts de réintégration qui l'accompagnent se déclinent en termes de processus, entrecoupé de phases et s'étendant sur un à deux ans. Tandis que la première phase est encore caractérisée par l'euphorie à la perspective du retour et par un optimisme général, le « retournant » va bientôt être confronté de nouveau à une routine quotidienne qu'il peut ressentir de manière contradictoire. Il traverse alors une période marquée par des interrogations, par des comparaisons entre son pays d'origine et celui qu'il vient de quitter. Au bout d'un certain temps et, éventuellement, après avoir renoncé à certaines attentes, il réussira avec plus ou moins de facilité à retrouver ses repères. Selon Hirsch, ces phases peuvent être schématisées de la manière suivante :

caractéristiques	compréhension superficielle, ouvert et prêt pour de nouvelles expériences, optimisme général, euphorie d'être à nouveau « chez soi »	L'euphorie du début retombe. On se sent mal compris par ses collègues. Le cercle d'amis n'existe plus. Tout a changé, retrait vers une résignation, arrogance, colère, insatisfaction. On ne se sent pas chez soi.	établissement d'attentes réalistes, adaptation sans abandon, élargissement des capacités d'agir, retrouver d'anciens modèles de conduite
temps	pendant 6 mois après le retour	de 6 à 12 mois après le retour	à partir du 12e mois après le retour

Il s'agit, dans ce tableau, d'une tentative de modélisation, qui demande à être nuancée. Car selon les individus, leur situation particulière au moment de leur mobilité, leur trajectoire et expérience antérieure, leur vécu professionnel, l'évaluation de l'expérience et les changements personnels et professionnels qu'elle induit sont de nature et d'intensité très différente. La difficulté ressentie lors du retour semble proportionnelle à ce qui a motivé le départ, à la dimension d'un mal-être qui peut avoir nourri l'envie de partir ainsi qu'à l'épanouissement personnel et professionnel vécu pendant le séjour. La complexité des sentiments et leur caractère ambivalent émergent dans ce récit :

> Quand je suis parti, ça a été très douloureux, parce que moi j'ai toujours été détaché de mon travail, le travail, c'est pas ma vie, j'ai beau être enseignant mais je ne m'investis pas jusqu'à en payer de ma propre personne, quoi, jamais. C'est-à-dire que moi par exemple, je prépare mes cours à l'école. C'est-à-dire que quand je sors, j'ai pas de bureau à la maison, j'ai pas une pièce consacrée au travail, je ne veux pas. Je fais tout à l'école, je préfère aller au travail le mercredi matin dans ma classe tout seul et faire mon boulot, et je rentre l'après-midi sans plus penser au travail. Donc j'ai toujours été très détaché. Et en Allemagne j'ai vécu cette différence, j'ai eu des relations plus personnelles, plus amicales avec des collègues, avec des parents d'élèves ça s'est passé aussi différemment, j'ai eu des témoignages de remerciement de parents d'élèves que je me disais en France en tout cas je n'imaginais pas ça possible en tout cas de la part de parents d'élèves. Donc d'un point de vue émotionnel ça

> a été très dur de repartir, ils ont pleuré le dernier jour, c'était une catastrophe, en rentrant à la maison le soir je ne parlais pas de ma journée, c'était trop dur [Laurent, F/34].

Dans la publication déjà mentionnée, consacrée à la mobilité scolaire dans le cadre du programme Voltaire, Colin & Brougère (2006) avaient insisté sur l'importance du retour. Ils observent au sujet du retour des élèves Voltaire : « Réintégrer sa famille, pouvoir y retrouver une place où pourra être reconnu et vécu ce changement questionnent les jeunes, voire les inquiète. Le retour comporterait donc aussi son lot d'épreuves, une sorte d'expérience d'immersion particulière, dans un familier-étranger. Nous retrouvons aussi ce qui les a mobilisés pour s'inscrire dans ce projet et plusieurs entretiens approfondis mettent l'accent sur la résolution d'un questionnement personnel, d'une énigme personnelle, d'une réponse à une question qui n'arrivait même pas à se poser en tant que telle en France, sur une cicatrisation d'un événement qui bloquait sans que "l'on s'en rende compte"; "partir" a permis de poursuivre son chemin et ce, d'ailleurs, quel que soit le vécu de l'expérience d'immersion qui peut être plus ou moins "bon", plus ou moins "facile". »

Ce qui se dégage en tout cas de ces recherches et ce qui se confirme dans la nôtre auprès des enseignants ayant participé à l'échange, c'est que le retour s'accompagne d'un nouveau choc culturel. Désigné par *reverse cultural choc* ou choc culturel inversé, il est souvent plus violent que celui ressenti à l'arrivée. En tout état de cause, il est pour le moins générateur de stress :

> Au retour, il fallait gérer son stress, son stress à soi parce qu'on n'a pas envie de partir, plus le stress des autres parce qu'ils ne veulent pas partir non plus, enfin bon, ça a été, à l'aller comme au retour un petit peu complexe, mais très positif pour tout le monde [Annick, F/52].

En effet, les changements professionnels et personnels, souvent profonds, et qui sont inévitablement l'apanage d'un séjour de plus ou moins longue durée à l'étranger, vont forcément avoir des retombées sur le quotidien familial, tout comme sur la relation du couple. Parfois ce sont des effets presque thérapeutiques : « Les relations dans mon couple ont été renforcées après cette année de séparation », ou encore « Ça a fait du bien à tout le monde ; mon entourage, ma femme surtout, a remarqué que je suis devenu beaucoup plus cool. »

Si le retour peut être source d'un nouveau départ, il héberge aussi un potentiel de crises et de conflits et demande des efforts d'adaptation et de réadaptation considérables surtout lorsque les enfants étaient du voyage :

> En France, la petite était dans une école qui ne lui convenait pas forcément, elle s'est retrouvée au lycée français de Berlin et vraiment

> ça a été pour elle une oasis de paix par rapport à ce qu'elle connaissait, et la grande a pleuré en partant en Allemagne, mais a pleuré trois fois plus en repartant, en revenant en France, elle avait été extrêmement déçue de quitter Berlin, ça a été les pleurs-aller et les pleurs-retour à gérer, ça a été compliqué [Annick, F/52].

À l'inverse du choc culturel qui se produit lors de la confrontation avec l'inconnu, le choc culturel inversé se produit dans la confrontation inattendue avec ce que l'on pensait connu et familier et peut déstabiliser davantage que le choc ressenti à l'arrivée : « On a tendance à envisager l'expérience interculturelle dans la seule perspective du départ et du choc ressenti par la mise en échec des évidences quotidiennes. C'est oublier que celui qui rentre n'est plus tout à fait le même, ni pour lui, ni pour les autres, qu'il doit déployer des efforts de réadaptation, qu'il peut être habité par le désir de procéder à des changements et qu'il risque de s'exposer à l'incompréhension des siens. » (Perrefort, 2006 : 211) Et, en effet, nombreux sont ceux parmi les instituteurs qui ont ressenti un décalage entre l'importance qu'ils attribuent eux-mêmes à leur vécu, la difficulté d'en parler et l'incapacité de leur entourage à en mesurer l'importance. Car, pour le milieu d'origine, le déplacement spatial d'un des leurs a avant tout consisté en une absence, une place vide et il suppose qu'il la réinvestira de la même manière lors du retour. Toutefois, cette attente peut se révéler illusoire car « au tout début ce n'est pas seulement le pays natal qui se dévoile sous un jour inhabituel à l'homme qui revient chez lui. C'est cet homme lui-même qui apparaît étrange à ceux qui l'attendent, et le brouillard qui l'entoure lui donne cette allure inconnue » (Schütz, 2003 : 71).

Vulnérabilité, deuil et nostalgie

Le séjour prolongé dans un contexte fait d'altérités diverses a agi, nous l'avons vu, comme déclencheur, opérant des évolutions, des changements, suivant des modalités diverses et des degrés variables selon les individus, les contextes, mais aussi selon les raisons internes ou externes ayant motivé le départ et infléchi les attentes de même que le vécu, comme l'illustre le témoignage de Laurent cité plus haut. Les transformations qui ont incité à revisiter des liens, des évidences, des habitudes sont forcément liées à des phénomènes de deuil, inhérents aux changements et pertes et fragilisent celui qui rentre. Il arrive qu'il entame alors un véritable travail de deuil :

> Je pense que si j'ai tant pleuré quand je suis rentrée d'Allemagne, c'est parce que je pensais que c'était quelque chose qui était terminé, révolu. Et en fait, c'est un cheminement, c'est quelque chose qui

> continue, et c'est comme quand quelqu'un disparaît, c'est pas parce que quelqu'un est décédé, qu'il a quitté votre vie, que vous ne pensez plus à lui, que vous ne vous souvenez pas des bons moments, au contraire ça fait du bien. Et ce qui fait du bien c'est de parler de cette personne disparue avec des gens qui l'ont connue. Et donc pour moi, être ici, c'est aussi parler de ces émotions avec des gens qui ont connu les mêmes émotions, ça fait partie d'une étape du deuil, il faut tourner la page mais pas mettre ça dans un placard. Et rencontrer des gens de l'OFAJ, c'est continuer à se remémorer ces choses, ce qu'on a vécu, parce que quand on en parle à d'autres personnes, ils ne comprennent pas [Corinne, F/49].

Devant la difficulté du retournant à partager son expérience avec son groupe d'origine – « Quand on en parle à d'autres personnes, ils ne comprennent pas » –, à rétablir des « relations-nous », on se tourne vers ceux avec qui on a partagé le vécu, ceux du pays d'accueil, mais plus encore vers ceux de la même « tribu », des « gens de l'OFAJ » , comme dit Corinne.

Un certain nombre de chercheurs utilisent la notion de « tribu » pour désigner la proximité qui se crée dans la mobilité académique entre les étudiants Erasmus pendant leur séjour, par exemple des tribus nationales qui permettent de faire une pause dans les efforts permanents d'adaptation, car « l'ami qui partage votre langue et votre culture représente le repos culturel et linguistique » (Murphy-Lejeune, op. cit. : 174). Dans certains travaux, on estime que ces tribus « peuvent renforcer la formation d'attitudes défensives et retarder, voire empêcher l'engagement dans un processus d'inter-connaissance, d'inter-compréhension et d'empathie avec l'autre culturellement différent, représentant de la culture dans laquelle l'étudiant se trouve immergé » (Papatsiba, 2003 : 170).

On ne constate rien de tel pendant le séjour au sujet de la mobilité enseignante dont il est question ici. En revanche, comme nous l'avons déjà signalé dans l'introduction, nous avons pu observer, lors des stages de formation qui accompagnent l'échange, que ces rencontres répondaient à un besoin très fort de pouvoir partager l'expérience. Les entretiens collectifs remplissaient la même fonction, de manière plus structurée et systématique toutefois. Ils permettaient de revenir sur l'expérience et de partager, avec les « mêmes », le ressenti lors du retour. Cette démarche réflexive effectuée en commun a permis de poser l'expérience non pas en termes de parenthèse, mais en termes d'un déplacement de soi, qui s'intègre et prend place dans une trajectoire personnelle. Et de comprendre que « changer » signifie qu'une différence a été définitivement glissée entre l'avant de l'échange et l'après, et que le « je » que l'on est et que l'on sera n'est plus identique au « je » d'autrefois.

Les troubles émotionnels qui accompagnent le retour font naître un sentiment de nostalgie, conjugué souvent avec une idéalisation du là-bas, ce qui peut parfois paraître comme une distorsion des souvenirs, encensant l'ailleurs. Car, pour le retournant, ceux qui sont de nouveau loin, paraissent plus proches, et ceux qui sont de nouveau proches paraissent plus loin, tout comme lui, d'ailleurs : « L'étranger apparaît étrange à ceux qui l'attendent et l'air épais qui l'entoure le maintient inconnu. » (Schütz, 2003 : 119). Mais cette glorification nostalgique est vitale dans cette phase entre le retour physique et le retour psychique, surtout si celui qui rentre éprouve la sensation de ne plus appartenir tout à fait au même monde, d'avoir interrompu une continuité sociale, historique. Liée à la mémoire affective, garante d'un sentiment de cohérence et de continuité, la nostalgie éprouvée par le retournant réfère plus à des ambiances qu'à des faits ou des événements réels :

> Le choc du retour, c'était pour moi cet esprit étroit, de s'énerver pour des trucs qui n'en valent pas la peine. Au fond, je n'arrive pas à donner des exemples concrets, ce sont mille détails en fait qui m'ont fait réaliser que cette belle période « France » était terminée [Barbara, D/53].

Si la nostalgie fait provisoirement écran au sentiment de vulnérabilité, de fragilisation, de brouillage, voire d'anomie, qui accompagne le processus de réintégration, le vécu reste largement indicible, incommunicable à ceux qui n'ont pas partagé l'expérience de l'ailleurs, et apparaît parfois comme frappé d'un tabou : « J'ai complètement occulté que j'ai très bien vécu en Allemagne et que je trouve qu'en Allemagne ça marche aussi bien », ou « C'est une expérience vachement riche, et enrichissante et que tu peux malheureusement pas partager, et ça c'est très frustrant. »

Même si le milieu familial et amical peut entendre les récits, reconnaître le courage qu'il a fallu pour vivre l'expérience et mesurer les changements, il n'empêche que son écoute a ses limites et ne saura suffire pour engager le retour réflexif nécessaire à l'élaboration de l'expérience. Ce qui explique l'investissement par les participants dans le dispositif de recherche, dans l'entretien de groupe ou dans les questionnaires.

Le choc psychologique du retour se répercute encore longtemps après le retour géographique. Le retournant fait alors l'expérience cruciale que le familier, avec ses valeurs, ses normes et ses règles, comporte pour lui des éléments d'étrangeté et se dérobe à sa nouvelle intelligence des choses. C'est ce que constate Heidrun :

> Sincèrement, le choc culturel au retour était vraiment rude. Il était au moins aussi rude que ce que j'avais imaginé. Et là récemment, j'ai de nouveau vécu un choc culturel, c'est quand j'ai déménagé cet été et le syndic est venu faire l'état des lieux et puis, j'avais fait le ménage, c'était vraiment propre et puis le syndic me dit : « Alors vraiment, Mme S., l'appartement aurait pu être plus propre. » J'ai répondu : « Maintenant, je vois que je suis vraiment en Allemagne. » En France, c'était chaque fois : « C'est impeccable », et ici « Ça aurait pu être plus propre. » [Heidrun, D/47].

La sensation d'avoir changé est mise à l'épreuve du terrain, et on prend progressivement conscience de ses métamorphoses. Les propos de Laurent font écho à ceux de Heidrun, car le regard qu'il pose sur son pays s'est également relativisé et est devenu plus critique :

> J'ai vu certaines choses que je n'avais pas forcément réalisées jusque-là. Ça a profondément changé l'image que j'ai du pays. J'étais déjà assez détaché de mon travail, mais j'ai un peu de mal avec la lourdeur française et la mentalité française. Je suis devenu – ça c'est un point négatif – plus critique envers mon pays. Voilà, je me sens mieux à l'étranger, finalement, qu'en France et maintenant, je le prends avec plus de détachement [Laurent, F/34].

Faire l'expérience de l'ailleurs et de l'autre induit toujours une mise en perspective du soi et du familier qui s'y rattache. L'altérité est le miroir du soi, une prise de vue sur un soi qui restait dissimulé sous la forme du naturel ou qui ne se réfléchissait pas. Et ces métamorphoses identitaires sont vecteurs de conflits entre les habitus nouvellement acquis et le contexte retrouvé du milieu d'origine : « La réintégration n'est pas toujours aisée. Quand on rentre à la maison, c'est d'abord le retour à la morale en revenant à la normale. C'est d'abord la réintégration sociale qui prime. Le voyageur a des passages à vide, voire une période de déprime, il n'est pas encore revenu tout en n'étant plus "là-bas". » (Michel, 2002 : 90)

Lorsque les différents travaux sur la mobilité interrogent la thématique de l'identité, elle est principalement considérée sous le signe de la dichotomie – le mobile change ou ne change pas, devient un autre unique ou se situe entre deux entités uniques. Ce qui prévaut, c'est une vision d'identités qui s'additionnent les unes aux autres. Cette vision d'une identité unique ou additionalisante semble peu satisfaisante pour étudier les dynamismes des redéfinitions identitaires polymorphes dans le cadre des mobilités, car « la métaphore du nomadisme peut nous inciter à une vue plus réaliste des choses : à les penser dans leur ambivalence structurelle. Ainsi pour la personne, le fait qu'elle ne se résume pas à une simple identité, mais qu'elle joue des rôles divers au travers d'identifications multiples » (Maffesoli, 2006 : 86). L'unicité de l'identité cède la place à la pluralité. Le retournant peut alors se trouver en proie à un conflit : il n'est plus tout à fait le même, ni tout à fait un autre. En ce sens, le retour peut faire émerger un sentiment de déterritorialisation :

> Par rapport à la marginalité, moi ce que j'aime, en fait, je pense que c'est quelque chose que je recherche, la marginalité, en fait. Parce que j'aime beaucoup le statut d'étranger quand je suis en Allemagne, je me sens très bien parce que justement on n'est pas comme les autres et j'ai adoré être en Allemagne, parce que si on est différent, on ne fonctionne pas pareil, donc les gens vont dire : « OK pas de problème, c'est parce qu'il est Français », même si c'est pas vrai. Et en revenant en France, les gens ne comprennent pas cette marginalité, et il faut s'en justifier [Paul, F/29].

Par conséquent, le retournant peut ne pas vouloir se reconnaître dans la projection d'une identité schématique, qui n'arrive pas à comprendre la diversification et la pluralité de ses appartenances. Résister aux tentatives d'être enfermé dans une identité-étiquette en s'immergeant de nouveau dans le familier et la mêmeté, tel est le défi que beaucoup ont à relever au retour, voire l'épreuve qu'ils doivent affronter.

Faire acte d'allégeance vis-à-vis de l'univers institutionnel

> Après un an en Allemagne passé
> Et des autres participants isolé,
> En France mon retour je dus faire
>
> Et de mes illusions de renouvellement me défaire.
> La bouche en cœur, fraîchement débarqué
> Tous mes collègues je fis rire
> De l'école nouvelle où j'étais affecté
> Lorsque l'allemand il me prit de choisir
> À mes élèves de vouloir enseigner
> Pour voir ma peine récompensée.
> À cela vint s'ajouter
> De ma non-habilitation
> La triste désillusion.
> Ainsi parmi les miens revenu
> Bien loin d'un Ulysse ou Achille reconnu
> Mes preuves à nouveau faire je dus :
> Dans ma classe il me fallut recevoir
> Force conseillers pédagogiques ma pratique venus voir.
> Finalement intronisé

> Et à l'enseignement de l'allemand autorisé,
> Je dus à mon grand dam admettre
> Qu'en l'administration j'avais trouvé un maître.
>
> Paul

Si le choc du retour dans le quotidien est abordé de manière indistincte dans les témoignages tant français qu'allemands, il n'en va pas de même pour celui qui accompagne le retour dans l'institution d'origine. Celui-ci est beaucoup plus présent dans les témoignages des instituteurs français pour qui la réintégration semble avoir posé de nombreux problèmes, ressentis plus ou moins âprement. L'appréciation des efforts subjectifs tendant vers une mixité pédagogique, linguistique et culturelle et de son intérêt pour l'enseignement traditionnel se fait au hasard des établissements. Elle est souvent laissée à la seule initiative de quelques supérieurs hiérarchiques.

La difficile valorisation des nouveaux espaces identitaires

Comme nous l'avons déjà écrit, la désignation du groupe professionnel « instits » renvoie à des représentations sociales convenues : c'est un métier à part, une vocation, un don, une seconde nature. Peut-on impunément délaisser, ne serait-ce que provisoirement, « sa » classe, « ses » collègues, « son » école lorsqu'on a un métier qui est une vocation, sous prétexte qu'on sature, qu'on veut voir ailleurs comment cela se passe et penser à soi ? Fuguer hors de l'institution ? De telles aspirations semblent placées sous le signe de la culpabilité :

> Et en fait, je n'aime pas la routine, donc, dès que je commence à entrer dans la routine, avant, ça m'angoissait, je me culpabilisais de ne pas être capable de me stabiliser quelque part, je trouvais que c'était une tare et puis, le fait d'être allée en Allemagne, maintenant, je m'aperçois que c'est quelque chose de positif que de ne pas accepter la routine, et donc, j'en ressors enorgueillie [Michèle, F/46].

Certains se sont vus reprocher leur ambition personnelle comme s'ils avaient enfreint la règle tacite de modestie qui consiste pour un instit à réprimer et limiter ses aspirations personnelles :

> On a vraiment l'impression que oui c'est bien, on a eu besoin de vous et puis vous nous avez rendu service, parce qu'on aurait été diplomatiquement gêné que personne n'accepte de partir. Vous aviez envie de partir maintenant c'est votre problème, c'est à vous de gérer [Sonia, F/42].

Le retour est réémergence, dans le regard des pairs et dans celui de la hiérarchie institutionnelle. Leur regard se pose sur la différence, perçue comme une fissure menaçant le lien qui fonde la collégialité. Les témoignages illustrent le malaise de l'institution d'origine qui peine à apprécier à sa juste valeur la plus-value humaine et interculturelle de l'expérience et n'hésite pas à considérer l'échange comme un long voyage à des fins touristiques ayant permis à l'instit mobile de passer un agréable moment de vacances :

> Cet échange avec l'OFAJ, ça m'a plutôt porté préjudice, c'est-à-dire que le fait d'avoir fait l'OFAJ, on m'a dit bon : « Ça y est, vous vous êtes amusé un petit peu, c'était bien, vous avez eu des vacances. Donc maintenant vous travaillez ici et vous enseignez ce que vous devez enseigner. » On m'a dit bon : « C'est fini la rigolade, donc vous rentrez », bref, c'est pas forcément toujours agréable, mais bon je me suis plié à ça parce que pour moi c'était important de donner une suite, que ce soit cohérent que j'aie fait l'échange et que je sois habilité en allemand [Paul, F/29].

Évaluer le séjour en termes de vacances revient à dénier tout ce qu'il implique comme remise en question identitaire et à gommer d'un trait les enjeux personnels. Nous rejoignons ici les propos de Lucette Colin (2008 : 85) qui arrive à un constat similaire lorsqu'elle évoque le difficile retour de participants français à l'échange Voltaire et qui réintègrent leur classe en France après avoir passé six mois dans une école en Allemagne : « Si vacance il y a, c'est une vacance dans le sens d'un moment de mise à l'écart de la vie sociale et affective et qui correspond aussi à une rupture avec les liens sociaux connus, routiniers et sécurisants et c'est en cela d'ailleurs que cette mise à l'écart est délicate et parfois difficile à vivre. » Ce qui semble compter aux yeux de l'institution, c'est que la réinsertion de « l'instituteur fugueur » dans l'établissement se passe comme s'il revenait inchangé, tel un touriste.

Une valorisation des nouveaux espaces identitaires semble dès lors difficile. Ainsi, le retour peut être placé sous le signe d'un conflit entre le désir, voire le besoin, d'affirmer sa différence, de transmettre ses acquis et la nécessité de faire acte d'allégeance (« Je me suis plié à ça ») afin de pouvoir retrouver sa place et continuer à construire sa carrière. Et on fait alors âprement l'expérience qu'on ne quitte pas un pays impunément, comme l'écrit Abdelmalek Sayed (2006 : 149) à propos du retour de l'immigrant : « Car le temps agit sur tous les partenaires ; on ne se soustrait pas impunément au groupe et son action quotidiennement présente, à sa pression si ordinaire qu'elle n'est même plus ressentie comme telle, étant devenu quelque chose de tout à fait naturel et comme allant de soi, à ses mécanismes d'insertion sociale, mécanismes qui sont tout à la fois prescriptifs et normatifs et, en fin de compte, largement performatifs, en ce sens qu'ils visent à composer la définition légitime de l'ordre social tenu pour être le seul qui soit. » Dès lors, les risques liés au retour sont tant séparation intérieure, entre soi et soi, que séparation extérieure, entre soi et l'institution, la première pouvant être d'autant plus profonde que la deuxième est violente. C'est ce qui est arrivé à Laurent, inspecté peu de temps après son retour d'Allemagne. À l'issue du cours, l'inspectrice lui faire part de ses observations :

> Apparemment, ça se voit, même dans mon attitude que j'ai été en Allemagne. Donc, j'ai fini ma *Lehrprobe*, qui a quand-même duré trois heures, une fois que c'est terminé, les enfants sont partis, elle était au fond de la classe et me demande de venir vers elle. J'arrive, je me mets en face d'elle et du coup, j'étais comme un gamin, je me suis senti comme si j'avais fait une connerie, quoi. Elle me regarde et me dit : « Vous devez être un modèle en classe et vous devez vous présenter de manière parfaite. » C'est-à-dire, être devant la classe, droit comme un « i », pas les mains dans la poche. Je me suis tenu à demi contre la table qui est devant dans ma classe, je me suis appuyé contre, quoi. Elle me dit : « Ça, vous ne le faites pas. » Et là, je me suis dit : Wow ! Et c'est là que j'ai pensé le choc culturel à l'envers. Je me suis pris une claque, je me suis dit : Oui, c'est vrai que le système allemand, je peux l'oublier et que l'attitude française, il va falloir que je m'y remette [Laurent, F/34].

Le décentrage, avec ses remises en question personnelles et professionnelles, entraîne le passage d'une vision ethnocentrique à une vision polycentrique du monde, mais rendre visible la synthèse entre les espaces identitaires dans de nouveaux habitus, dans des postures pédagogiques différentes semble frappé d'ostracisme et se heurte à la réprobation institutionnelle :

> Et l'inspectrice me dit : « Vous, vous avez adoré l'Allemagne, vous vous êtes vraiment plu en Allemagne. » J'ai dit : « Mais pourquoi vous dites ça ? » Elle me dit : « Ça se voit. Vous enseignez comme un Allemand. [...] Vous enseignez comme un prof allemand, vous êtes Allemand. Vous êtes trop cool. » Et elle a dit : « Pour le concours, ça ne va pas. » Donc, il faut que je redevienne plus sévère et plus français. Il faut que je remette mon costume français [Laurent, F/34].

Devant de telles attitudes normatives autant que performatives – l'instituteur en question se résout à « redevenir plus sévère et plus français » –, on peut s'interroger sur la capacité de l'institution d'admettre que l'expérience d'un déplacement géographique implique beaucoup plus que la seule mobilité spatiale et que le vécu intense de l'altérité ne peut pas et ne doit pas être considéré comme une parenthèse dans un parcours professionnel, telle qu'une lubie, mais comme une expérience analytique personnelle avec des retombées positives sur la manière d'envisager le métier :

> J'ai tourné des films dans ma classe en Allemagne pour montrer comment se passe en vrai, enfin bon, ce sont des choses comme ça où les enfants sentent que l'on sait de quoi on parle. Et quand je regarde les petits je me dis bon on a gagné quand-même. Ces classes bilangues, c'est quand-même une réussite. C'est vraiment une super réussite parce que si ça a suivi jusqu'au collège c'est génial [Christine, F/51].

L'exemple ci-dessous montre que l'expérience de mobilité peut servir de modèle à des collègues. Mais il montre aussi que l'échange dépasse les limites du seul franco-allemand pour constituer un moment interculturel qui ouvre sur autrui, sur la diversité linguistique et culturelle :

> Ils [les collègues]ont posé des tas de questions, alors il y en a beaucoup qui voudraient partir dans d'autres pays par contre, ça leur donne envie, alors c'est bien. Bon moi, je suis représentante, un peu référente en allemand, alors l'inspecteur a dit : « Vous serez un peu ressource de la langue », donc pour moi c'est bien, parce que c'est un peu une continuité avec mon expérience en Allemagne et c'est bien parce que dans l'école, il se passe vraiment des choses au niveau des langues, au niveau de l'international. En plus de ça, on a un public à soixante-dix chinois et on a, en dehors de ça, énormément d'étrangers dans l'école et c'est très très bien parce que c'est favoriser le multilinguisme [Michèle, F/46].

Crise d'adaptation, crise du lien, incompréhension, il semble qu'il y ait souvent une incompatibilité radicale entre les changements ressentis par les acteurs de la mobilité et un contexte qui ne veut ou ne peut les entendre et encore moins admettre du fait de l'inadéquation de sa structure :

> On est reparti du point mort, bon, c'est exagéré mais d'une certaine manière on est parti là-bas et c'est vrai qu'on est marginaux, on n'est pas les mêmes qu'avant. Je le ressens, je suis vraiment le petit jeune qui/ « Ah oui lui, mais lui de toute façon il essaie toujours de tout faire compliqué, il nous complique les projets de pédagogie, il nous complique les projets de l'école, il nous complique l'organisation des trucs de langue » ; donc je suis pénible quoi, alors j'essaie de pas trop/mais c'est vraiment la marginalité, bon je ne leur ai pas dit, mais c'est exactement ça [Paul, F/29].

Dissonances et sentiment de distinction par rapport aux pairs

Frustration et incompréhension peuvent provoquer du ressentiment, déboucher sur des dissonances et aviver le sentiment de déterritorialisation dans ce moment instable qu'est le retour, tout comme la disparité des points de vue peut pousser à taire son vécu et son ressenti (« Je ne leur ai pas dit »). Les réactions que les enseignants décrivent laissent en fait entrevoir que l'absence temporaire n'est pas loin d'être considérée comme une faute, une faute (une trahison ?) dont on doit se racheter. Il plane sur le retournant comme un air de soupçon ; même s'il est parti pour la bonne cause, n'est-il pas pour autant un concurrent, un transfiguré, reconverti par l'expérience de la mobilité et qui veut mettre en place des pratiques pédagogiques porteuses d'altérations ? Les nouveaux apports se prêtent autant aux louanges qu'à la stigmatisation. Car ces manières d'être entre-deux, entre deux cultures, engagent des pratiques, des postures différentes susceptibles de déranger l'ordre établi, de perturber l'homogénéité fondatrice du groupe professionnel.

Selon les enjeux, selon le bon vouloir des établissements et des supérieurs, les nouveaux modèles peuvent être considérés comme innovateurs et salués, tout comme ils peuvent être objets de critiques et de rejets, plus ou moins violents. Dans les deux cas, les mobiles sont pris pour des trouble-fêtes, « Nous sommes des empêcheurs de tourner en rond, dit Mathieu, des hérétiques en puissance. »

De telles attitudes conduisent à des postures défensives, qui se concrétisent dans un regard distancié et critique porté sur l'institution, mais aussi sur les collègues à qui on reproche leur indifférence et leurs préjugés :

> Ils me disaient : « Ici on n'est pas en Allemagne, on n'est pas chez »/ enfin je vous en passe, et les meilleures. Donc/non ça a été insupportable parce qu'en plus ils ne se sont jamais intéressés de savoir comment était le système, ils ne m'ont jamais posé de questions sur cette année en Allemagne, alors je sais pas si c'était des gens complètement petits quoi, non mais voilà alors eux ils partaient du principe qu'ils avaient leurs représentations de l'Allemagne et des Allemands et que voilà [Michèle, F/46].

Ce qui se joue dans de telles réactions et ce que les mobiles récusent, c'est de se voir à nouveau imposer des « identités prisons » par une catégorisation à une simple appartenance ethnique, sociale, culturelle : « À une époque où les repères identitaires ne peuvent que se multiplier et se métisser – car l'identité se crée dans la rencontre avec d'autres, qui sont de plus en plus nombreux –, le besoin de solidification du soi et de l'autre pour faire face à la complexité cognitive engendrée par ces rencontres plurielles et multiformes est de plus en plus présent chez les individus contemporains. Les questionnements, les revendications identitaires et les définitions du soi et de l'autre afférentes conduisent habituellement à un "fantasme de l'unicité". » (Abdallah-Pretceille, 2006) Si l'imposition d'une identité unique peut se révéler périlleuse pour celui qui la subit parce qu'il s'y trouve enfermé comme dans un corset qui ne lui va plus, se l'imposer en en jouant peut parfois être bénéfique, pour se rassurer, pour ne pas être trop mis à l'écart ou sanctionné sur le plan professionnel. C'est ce qu'a compris Laurent, à qui on avait reproché d'être « devenu Allemand ». Pour être davantage en harmonie – ou plutôt en conformité – avec les normes de l'environnement scolaire dans lequel il est revenu, mais sans pour autant renoncer à la diversification de ses appartenances, il décide au contraire d'en jouer en adoptant, tel le caméléon, la couleur locale :

> Il faut que je redevienne plus sévère et plus français. Il faut que je remette mon costume français. Et justement parce que maintenant je suis un peu détaché de tout cela, je me dis, si maintenant, pour une période, il faut que je remette ce costume-là, je le ferai. S'il faut que je passe par là pour continuer, je le ferai. Et s'il n'y a que ça qui me manque, je vais le faire [Laurent, F/34].

Vu ainsi, l'élargissement du potentiel d'adaptation et la légèreté avec laquelle certains en jouent dans les interactions est certainement à considérer comme un des bénéfices multiples de la mobilité. Car cela suppose, d'une part, d'avoir compris que l'identité n'est pas figée, mais qu'elle se co-construit, de manière dynamique, processuelle et complexe dans les interactions, « où chacun aurait la possibilité de porter le masque (l'identité) qu'il désire (ou non) à différents moments » (Dervin, 2008). Et d'autre part, la capacité d'adaptation est gage d'une liberté gagnée, d'un affranchissement : « On est d'un lieu, on crée, à partir de ce lieu, des liens, mais pour que celui-là et ceux-ci prennent toute leur signification, il faut qu'ils soient, réellement ou fantasmatiquement, niés, dépassés, transgressés. » (Maffesoli, 2006 : 27)

Le thème de la distinction, déjà abordé, émerge, tel un fil rouge, dans les contributions des uns et des autres lorsqu'il est question du retour. D'avoir été « celui qui vient d'ailleurs » dans l'école de l'autre, entouré d'une aura d'exotisme qui rendait visible, a participé au sentiment de distinction. De retour, il s'agit de redevenir pair parmi les pairs et, redevenir, d'une certaine façon, « invisible ». La violence de certains propos ne peut se comprendre qu'en tenant compte de cette difficulté de se retrouver différent parmi les mêmes :

> Je suis rentrée d'Allemagne et j'ai vu cette inertie et ça m'a mise en colère et je me suis dit maintenant je vais les faire suer et je vais tout faire pour faire avancer les choses [Corinne, F/49].

D'avoir bravé l'épreuve de l'étranger, prouvé sa valeur dans un environnement professionnel différent et d'avoir mis à distance le quotidien coutumier a aussi provoqué une rupture avec une adhésion au conformisme des pairs. La réalité est alors appréhendée sur un mode dichotomique – stabilité et absence de changement d'un côté, mouvement et changement de l'autre :

> Je remarque une différence fondamentale entre les collègues qui ont fait la démarche de partir, et puis les collègues peut-être qui restent en France, j'ai presque même l'impression que ce n'est pas la même façon de faire le métier [Stéphanie, F/36].

Ce retour qui appelle au départ

La mobilité n'est qu'une expérience temporaire. Cependant, on peut constater qu'elle appelle à être renouvelée, sous la forme d'un nouveau déplacement ou sous toute autre forme concrétisant le refus de l'immobilisme. Cela donne à penser que l'expérience de la mobilité enclenche une dynamique, stimule le désir d'évoluer en allant, de son libre choix, vers les autres, vers l'inconnu, vers la diversité, pour mieux se réaliser. Le thème de la quête traverse d'un bout à l'autre les entretiens, comme une posture existentielle qui consisterait à rester en permanence tendu vers un but à atteindre :

> J'avais peur de ce qui allait venir après, je ne voulais pas que ça s'arrête là. Et j'étais terrifié à l'idée, donc j'avais demandé ma mutation parce que je ne voulais pas revenir à mon ancien poste et j'avais un poste en école maternelle de nouveau où on faisait de l'allemand mais voilà. Et je suis arrivé au conseil d'école, au mois de mai, avec quatre collègues, et là pour moi c'était horrible, je me disais : t'as vécu tout ça pendant deux ans et maintenant tu reviens dans une école lambda… non. Après ça je veux autre chose, moi quand j'étais à l'école maternelle là dans cette école ça m'a fait peur quoi, je me dis « voilà maintenant j'ai que les souvenirs » et là je veux avancer [Laurent, F/34].

L'échange a diversifié l'exercice professionnel et élargi, renforcé les compétences. Presque tous les instits se sentent redevables envers l'expérience et sont portés par le désir de transmettre leurs acquis, un peu comme un héritage spirituel, presque sacralisée dans la représentation qu'en donne le narrateur dans la séquence ci-dessous :

> Le fait de devoir se battre, d'essayer de valoriser cette expérience, finalement moi je qualifierais ce séjour de parenthèse dans le chantier. Non mais franchement, c'est pas de l'emphase ou quoi, c'est vraiment ce que j'ai ressenti et il en reste toujours quelque chose et quand on dit « entretenir la flamme », c'est pas dans le sens nostalgie, mais c'est dans le sens de pouvoir continuer à transmettre et malgré toutes

> les difficultés qu'on rencontre, les obstacles, les embûches qu'on nous met sur notre chemin, donc voilà cette parenthèse dans le chantier il faut pouvoir justement la faire vivre et donc continuer à transmettre ça et ouvrir l'enchantement aux enfants et qu'ils vont pouvoir justement accéder à cette langue, à cette culture, c'est le combat qu'on doit mener et qui est pas trop facile parce que c'est quand-même épuisant et puis tout l'enthousiasme qu'on peut y mettre c'est parfois un peu décourageant, mais donc il faut continuer on est là pour ça quand même [Mathieu, F/44].

Désir de médiation et de transmission

La multitude des retombées pédagogiques montre à quel point ces instits qui sont passés du savoir à la connaissance sont à même de construire des ponts entre les langues et les cultures – en particulier les cultures scolaires :

> J'ai eu un choc personnel, je me suis dit mais comment t'as pu enseigner pendant des années comme ça, comme une espèce de militaire, en mettant les gosses/ en leur inculquant des trucs. Pour moi ça a été la révélation de ma connerie pédagogique personnelle depuis pas mal d'années. Et depuis je fais plus du tout comme ça. Et moi-même je me sens mieux, et je vois bien que les enfants se sentent mieux et notamment dans la gestion des conflits, parce qu'en Allemagne quand tu rentres de récré si t'as pas géré tous les conflits qui se sont passés pendant la récré, tu peux rien faire. Alors tu t'assois et puis tu discutes. Et maintenant, je fais beaucoup ça dans les classes, on discute, on écrit ce qu'on a dit et on essaie de trouver des solutions et ça apaise beaucoup l'ambiance de la classe et en plus ils ont le sentiment que tu les respectes, donc ils te respectent aussi et ils se respectent mieux entre eux. Bon je ne dis pas que ça marche avec tous les enfants, t'as toujours des cas, mais l'ambiance générale des classes change complètement [Michèle, F/46].

La réintégration de l'enseignant qui a « envie d'être constructeur de ponts et d'être médiateur » et la manière dont les acquis seront mis au service de l'enseignement dépendent beaucoup des configurations particulières occasionnées par l'absence et des possibilités organisationnelles qui varient énormément selon les institutions et les contextes. Tandis qu'Annick déplore « dans notre académie, enfin dans notre circonscription ils ne sont pas super dynamiques sur l'allemand, je ne dis pas qu'ils font tout pour que ça ne se fasse pas mais enfin bon ils n'encouragent vraiment pas et il faut vraiment se battre pour y arriver », Michèle souligne l'investissement des responsables : « Nous, en Moselle, c'est l'inverse, c'est-à-dire que les inspecteurs vous envoient en Allemagne. Là, dans l'école biculturelle où je suis, ils ont listé les gens qui ne sont pas encore partis et ils nous poussent à y aller. » Et elle explique plus loin à quel point la valorisation dépend de la réceptivité des supérieurs :

> Ah non ça n'a pas valorisé, ça n'a pas été valorisé, il n'y a que mon inspecteur qui m'a demandé de lui raconter, mais alors, dans le menu détail, mais dans le menu détail, je trouvais ça intelligent de sa part, il voulait savoir exactement comment ça se passait dans les écoles allemandes, et voilà et journée type et ceci et cela et alors il était fasciné, ça le fascinait, et il disait : « Mais c'est génial, c'est super de faire des expériences comme ça. » [Michèle, F/46]

Fort heureusement il arrive donc que les établissements d'origine reconnaissent et saisissent tout de même l'immense chance d'avoir des enseignants riches de cette expérience :

> À mon retour, je suis allée au rectorat (*Schulamt*), parce que c'était évident que je n'allais pas pouvoir retourner dans mon ancienne école. Et l'inspectrice m'a dit : « Bon, vous étiez deux ans en France, vous allez être affectée à une école primaire dans laquelle on enseigne le français. Nous voulons profiter de votre expérience. » [Margot, D/50]

Tenir le rôle de l'« étranger » (sur un plan linguistique et culturel) en tant qu'enseignant dans l'autre pays – face à des classes qui sont d'ailleurs le plus souvent culturellement hétérogènes – constitue un des défis de cet échange et permet aux participants de développer une sensibilité particulière dans la gestion de la différence en milieu scolaire. Cet apprentissage est souvent mis en avant dans les témoignages comme compétence supplémentaire dépassant l'acquisition linguistique. Les enseignants, lors de leur retour, se sentent alors particulièrement à l'aise pour l'accueil d'élèves étrangers.

> J'étais quand-même contente de retrouver ma classe à moi, parce qu'en fait j'ai des enfants non francophones ; alors, au début, ils ne parlaient pas du tout du tout, donc mon expérience en Allemagne m'a beaucoup servi. Donc ça c'était bien et c'était ce que je voulais faire parce qu'en parlant avec mes élèves /eux n'apprenaient pas l'allemand mais par exemple ils avaient des documents sur la Saint Martin, comment ça se passe à l'école en Allemagne et eux ils me disaient : « Nous aussi, au Cap Vert on fête la Saint Martin comme ça » et « En Chine, les lanternes, y'en a partout. » Donc on a pu comparer les lanternes dans les différents pays et l'Allemagne était un prétexte, comment parler d'une autre culture et eux ils disaient

encore plus facilement»: « Moi, dans mon pays, c'est comme ça. » Et puis aussi par exemple il y avait un petit gamin qui était serbe et qui disait : « Eh bien en Serbie on mange aussi beaucoup de saucisses », enfin, bon, plein de trucs comme ça. Et puis cette année bien sûr on a parlé de la chute du mur, on a joué, on a lu un bouquin qui s'appelle *La Brouille* et on a joué sur le mur et c'était très intéressant parce que cette année j'ai beaucoup d'élèves qui viennent de l'Est, Estonie, Moldavie, ça leur disait quelque chose et je trouve que c'est génial parce qu'on pourrait se dire : pourquoi en CLIN faire un échange avec l'Allemagne mais pas du tout, ça ouvre à beaucoup de choses, c'est très central, donc c'est génial [Paule, F/53].

Conclusion

L'expérience de la mobilité, d'une autre langue, d'une autre culture, en l'occurrence scolaire et éducative, favorise le sentiment de déterritorialisation, de fluidité et de pluralité identitaire. Ce sentiment de déstabilisation fait naître un besoin impérieux de se raconter. Aussi avons-nous choisi de donner largement la parole aux acteurs mêmes de la mobilité particulière qu'est celle de ces professeurs du premier degré qui ont décidé un jour de s'engager dans le programme d'échange franco-allemand. Nous avons en effet estimé que la mise en mots partagée était propice à faire émerger de manière aussi holistique que possible les enjeux autant spécifiques que symboliques liés à leur déplacement spatio-temporel. Le dispositif d'enquête qui a été mis en place a donné aux enseignants l'opportunité de revenir sur l'expérience et de la raconter à soi autant qu'à d'autres – à ceux qui ont vécu la même expérience. Ce double mouvement d'introspection et de rétrospection leur a permis de mettre des mots sur leur vécu. Dans cette espace de réflexivité et de conscientisation dans et par la parole a été élaboré collectivement le sens attribué aux expériences variables et uniques et la prise de conscience que celui-ci se trouve bien au-delà du seul désir d'un déplacement spatio-temporel temporaire, d'une interruption provisoire avec l'environnement personnel et professionnel d'origine et relève finalement davantage de la volonté d'une mise à l'épreuve du soi dans un contact prolongé avec l'altérité.

S'il est certain que l'expérience de l'altérité suscite des interrogations sur son image de soi, sur ses identités, sur sa valeur, il ressort de notre étude que les interrogations identitaires ont souvent présidé à la prise de décision et et précipité celle-ci, au point que le déplacement a été vécu dans de nombreux cas comme convalescence identitaire, en particulier sur le plan professionnel. Même si les parcours ont été marqués à des degrés très divers par des crises, la vision développée dans les entretiens du fonctionnement de l'institution scolaire laisse néanmoins entrevoir des découragements et des blessures en amont de l'échange. En proie à des doutes quant à la reconnaissance sociale de leur métier, la mobilité a permis à ces enseignants de se dégager des rôles prescrits et de retrouver une confiance en leurs capacités personnelles. Cela se traduit lors du retour par la mise en œuvre de pratiques pédagogiques innovantes, courageuses, synthétisant les deux cultures éducatives, par une sensibilité accrue à la situation de l'étranger, un engagement renforcé dans l'ouverture aux langues ou encore par l'investissement dans des projets d'échanges et de partenariats. De sorte que le départ pour un certain temps dans l'école et le pays du voisin peut se concevoir comme une démarche volontaire offensive de se sortir d'une situation ressentie comme oppressante, de remédier à des blessures narcissiques diffuses. Cette quête d'un accomplissement de soi par le déplacement a ravivé la passion du métier, a permis de retrouver une sérénité et un équilibre, mais cette dynamique positive ne trouve pas toujours la résonance espérée dans le milieu professionnel d'origine.

Confrontés souvent à la-non valorisation de l'expérience lors du retour, nombreux sont ceux qui se replient alors dans une marginalité emblématique, jugée valorisante et affichent volontiers leurs multicompétences conquises, parfois durement, dans l'exposition à l'altérité. Car ces déplacements du soi ont dégagé des voies pour de nouveaux espaces identitaires, ouverts sur la différence et l'échange, et stimulé l'envie de transmettre la connaissance de l'autre aux enfants, certes, mais aussi au milieu institutionnel en général. Cela fait que les liens au groupe de pairs, déjà desserrés en amont, se desserrent parfois encore un peu plus lors du retour, devant l'absence d'intérêt pour l'engagement mais aussi en raison d'un regard devenu plus distancié et plus critique. La redéfinition de la relation aux « mêmes », aux non-mobiles, et la renégociation des postures à adopter à leur égard ainsi qu'aux identités d'avant l'échange prend alors une importance toute particulière. Les catégorisations ne portent plus sur l'autre du dehors – l'Allemand ou le Français – mais sur l'autre du dedans, avec qui la relation est vécu sur un mode d'éloignement, de distanciation, voire de distinction. Dans ce processus de catégorisation, celui qui hier encore était proche – le collègue – devient l'étranger et il s'agit, lors du retour, de domestiquer sa propre étrangeté au milieu des anciens mêmes :

> Alors je ne veux pas être péjoratif du tout vis-à-vis de mes collègues nationaux, mais les collègues que je suis amené à rencontrer lors des réunions de l'OFAJ, c'est que j'ai plus l'impression d'avoir à faire à des gens qui sont encore en autoformation, en auto-questionnement, peut importe leur âge, peut importe leur cursus, j'ai l'impression qu'une question se pose, et surtout une orientation vers l'extérieur, vers l'autre, vers le nouveau, que je ne retrouve pas forcément avec mes collègues [Mathieu, F/44].

Ce qui apparaît assez clairement, c'est que l'expérience de la mobilité stimule le désir d'évoluer en allant, de son libre choix, vers les autres et l'Ailleurs pour mieux se réaliser. Par conséquent, les enseignants ne dissocient pas ce qui relève de leur personne et ce qui relève de leur rôle professionnel, contrairement à l'institution qui peine à reconnaître le déplacement spatio-temporel dans toute son ampleur, à savoir comme voyage analytique permettant non seulement un positionnement plus favorable sur la scène sociale mais surtout la conquête de nouveaux territoires identitaires.

Tout comme les immigrés et leur diaspora, les expatriés et leur cercle de compatriotes, les tribus des Erasmus, les enseignants cherchent à maintenir le contact avec ceux qui ont participé à l'échange, comme si c'était un sas où les efforts sont (re)connus, où les expériences sont dicibles et communicables parce qu'on parle le même langage – celui de l'apprentissage de l'autre et d'un nouveau savoir-être appris dans et par le déplacement du soi.

En ce sens, ces échanges des professeurs des écoles du premier degré ressemblent à des lieux de gestation d'une nouvelle communauté, un creuset d'affiliations identitaires nouvelles. Ainsi, leur mobilité se conçoit comme mobilité identitaire, comme un premier pas vers « l'apprentissage de l'errance, qui a pour corollaire l'apprentissage de l'autre [et] qui incite à briser l'enclosure sous toutes ses formes [...]. Inscrite dans le passé, la mobilité est tradition. Projetée dans le futur, elle est évolution. Vécue au présent, elle est apprentissage du devenir » (Maffesoli, 2006 : 145).

Bibliographie[1]

ABDALLAH-PRETCEILLE, Martine, 2003, *Former et éduquer en contexte hétérogène*, Anthropos.

— (dir), 2006, Les métamorphoses de l'identité, Economica.

—, 2008, « Mobilité sans conscience...! », *in* F. Dervin & M. Byram (dir.), *Échanges et mobilités académiques. Quel bilan?*, L'Harmattan.

ALRED, Geof & BYRAM, Michael, 2002, « Becoming an Intercultural Mediator : A Longitudinal Study of Residence Abroad », *Journal of Multilingual and Multicultural Development*, 23(5).

ANQUETIL, Mathilde, 2006, *Mobilité Erasmus et communication interculturelle*, Berne, Peter Lang.

AUGÉ, Marc, 2009, *Pour une anthropologie de la mobilité*, Payot.

BAUDRILLARD, Jean & GUILLAUME, Marc, 1994, *Figures de l'altérité*, Descartes et Cie.

BAUMAN, Zygmunt, 2007, *Le présent liquide. Peurs sociales et obsession sécuritaire*, Seuil.

—, 2010, *Identité*, L'Herne.

BHABHA, Homi K., 2007, *Les lieux de la culture. Une théorie postcoloniale*, Payot.

BERTAUX, Daniel, 1986, « Fonctions diverses des récits dans le processus de recherche », *in* D. Desmarais & P. Grell (dir.), *Les récits de vie, théorie, méthode et trajectoires types*, Montréal , Éd. Saint-Martin.

—, 2001, *Les récits de vie*, Nathan.

BOURDIEU, Pierre, (dir.), 1992, *La misère du monde*, Seuil.

---

[1] Le lieu d'édition n'est pas cité lorsqu'il s'agit de Paris (NdÉ).

Brougère, Gilles, Colin, Lucette & Perrefort, Marion (dir.), 2006, *L'immersion dans une autre culture. L'évaluation scientifique des échanges scolaires individuels et de longue durée (Programme Voltaire)*, Berlin/Paris, Textes de travail, ofaj/dfwj.

Byram, Michael & Feng, Anwei (dir.), 2006, *Living and studying abroad, Research and Practice*, Clevedon, Multilingual Matters.

Camilleri, Carmel, 1999, « Identité personnelle, identité collective. Les différentes formes de contact et d'échanges », *in* J. Demorgon & E.M. Lipiansky (dir.), *Guide de l'interculturel en formation*, Retz.

Centlivres, Pierre, 1986, « L'identité régionale : langages et pratiques. Approche ethnologique. Suisse romande et Tessin », *in* P. Centlivres *et al.*, *Regionale Identität und Perspektiven : fünf sozialwissenschaftliche Ansätze -Les sciences sociales face à l'identité régionale : cinq approches*. Berne, Haupt.

Christen-Gueissaz, Eliane, 2002, *Miroir social, estime de soi au temps de la retraite*, L'Harmattan.

Cognigni, Edith, 2009, « Se raconter en migration : du récit biographique langagier à la co-construction de la relation interculturelle », *in* A. Gohard-Radenkovic & L. Rachedi (dir.), *Récits de vie, récits de langues et mobilités, Nouveaux territoires intimes, nouveaux passages vers l'altérité*, L'Harmattan.

Colin, Lucette, 2008, « Le Programme Voltaire, d'une mobilité à l'autre », *in* S. Ehrenreich, G. Woodmann & M. Perrefort (dir.), *Auslandsaufenthalte in Schule und Studium. Bestandsaufnahmen aus Forschung und Praxis*, Münster, Waxmann.

Dervin, Fred, 2008, *Métamorphoses identitaires en situation de mobilités*, Turku, http://www.doria.fi/bitstream/handle/10024/36411/B307.pdf

— & Byram, Michael, (dir.), 2008, *Échanges et mobilités académiques. Quel bilan ?* L'Harmattan.

Dupas, Jean & Perrefort, Marion, 1998, *Enseigner dans l'école de l'autre. Regards croisés d'instituteurs français et allemands*, Berlin/Paris, Textes de travail, ofaj/dfwj.

Ehrenreich, Susanne, 2004, *Auslandsaufenthalt und Fremdsprachenlehrerfortbildung, Das assistant-Jahr als ausbildungsbiographische Phase*, maff, Munich, Langenscheidt.

—, Woodmann, Gill & Perrefort, Marion, (dir.), 2008, *Auslandsaufenthalte in Schule und Studium. Bestandsaufnahmen aus Forschung und Praxis*, Münster, Waxmann.

Erdheim, Mario 1988, *Psychoanalyse und Unbewusstheit in der Kultur*, Francfort-sur-le-Main, Suhrkamp.

GEERTZ, Clifford, [1973] 1987, *Dichte Beschreibung : Beiträge zum Verstehen kultureller Systeme* , Francfort-sur-le-Main, Suhrkamp.

GERBER, Alessandra, 2009, « Le récit de vie, un récit initiatique révélateur d'un double processus de médiation. Le cas d'étudiants africains dans le contexte fribourgeois », in A. Gohard-Radenkovic & L. Rachedi (dir.), 2009, *Récits de vie, récits de langues et mobilités, Nouveaux territoires intimes, nouveaux passages vers l'altérité*, L'Harmattan.

GISEVIUS, Annette, 2008, « Ein Schuljahr im Ausland. Die educational Results study des AFS Interkulturelle Begegnungen e.V. », in S. Ehrenreich, G. Woodmann, M. Perrefort, (dir.), 2008, *Auslandsaufenthalte in Schule und Studium. Bestandsaufnahmen aus Forschung und Praxis*, Münster, Waxmann.

GOGUEL D'ALLONDANS, Thierry, 2002, *Rites de passage, rites d'initiation. Lecture d'Arnold Van Gennep*, Québec, PUL.

GOHARD-RADENKOVIC, Aline, [1999] 2004, *Communiquer en langue étrangère. Des compétences culturelles vers des compétences linguistiques*, Berne, Peter Lang.

—, 2006a, « Interrogations sur la dimension interculturelle dans le portefolio européen des langues et autres productions du Conseil de l'Europe. La richesse de la diversité », *Recherches et Réflexions dans l'Europe des langues et des cultures*, coord. par E. Piccardo, Synergies-Europe n° 1, Réseau GERFLINT, Université de Rouen/UIFM de Grenoble.

— & RACHEDI, Lilyane, (dir.), 2009, *Récits de vie, récits de langues et mobilités, Nouveaux territoires intimes, nouveaux passages vers l'altérité*, L'Harmattan.

GÜLICH, Elisabeth, 1997, « Les stéréotypes nationaux, ethniques et culturels : une recherche plurisdiciplnaire », in M. Matthey (dir.), *Les langues et leurs images*, Lausanne, IRDP.

GUMPERZ, John, 1989, *Engager la conversation, introduction à la sociolinguistique interactionnelle*, Minuit.

HUBERMANN, Michaël, 1989, « Les phases de la carrière enseignante : un essai de description et de prévision », *Revue française de pédagogie*, n° 86.

—, 1989b, *La vie des enseignants. Évolution et bilan d'une profession*, Lausanne, Delachaux & Niestlé

KAUFMANN, Jean-Claude, 1996, *L'entretien compréhensif*, Armand Colin.

—, 2004, *L'invention de soi : une théorie de l'identité*, Armand Colin.

KRISTEVA, Julia, 1988, *Étrangers à nous-mêmes*, Fayard.

LAHIRE, Bernard, 2001, *L'homme pluriel. Les ressorts de l'action*, Hachette.

—, 2002, *Portraits sociologiques*, Nathan.

Le Breton, David, 1996, *Passions du risque*, Métaillé

Lejeune, Philippe, 1975, *Le pacte autobiographique*, Seuil.

Lévy, Danielle & Zarate Geneviève, (dir.), 2003, *La médiation et la didactique des langues et des cultures*, lfdm, n° spécial, jan. fipf/Clé.

Lucius-Hoehne, Gabriele & Deppermann, Arnulf, 2004, « Narrative Identität und Positionierung », *Gesprächsforschung–Online Zeitschrift zur verbalen Interaktion*, Ausgabe 5, www.gespraechsforschung-ozs.de

Lüdi, Georges & Py, Bernard, 1995, *Changement de langage et langage du changement, Aspects linguistiques de la migration interne en Suisse*, Lausanne, L'âge d'Homme.

Maffesoli, Michel, 1993, *La contemplation du monde. Figures du style communautaire*, Grasset

—, 2004, « De l'identité aux identifications », in N. Aubert, *L'individu hypermoderne*, Toulouse, Érès.

—, 2006, *Du nomadisme. Vagabondages initiatiques*, La Table Ronde.

—, 2007, *Le réenchantement du monde*, La Table Ronde.

Michel, Franck, 2004, *Désirs d'ailleurs. Essai d'anthropologie des voyages*, Québec, pul.

Mondada, Lorenza, 1999, « L'accomplissement de "l'étrangéité" dans et par l'interaction : procédures de catégorisation des locuteurs », *Langage*, 134.

Morin, Edgar, 1977, *La méthode, (t. 1). La nature de la nature*, Seuil.

—, 1982, *Science avec conscience*, Fayard.

—, 1991, *La méthode, (t. 3).La connaissance de la connaissance*, Seuil.

Moscovici, Serge, 1984, *La psychologie sociale*, puf.

Murphy-Lejeune, Elisabeth, 2003, *L'étudiant européen voyageur : un nouvel étranger*, Didier.

O'Neil, Charmian, 1993, *Les enfants et l'enseignement des langues étrangères*, lal, Hatier/Didier.

Paille Pierre, 2004, « Pertinence de la recherche qualitative », *in* A. Mucchielli (dir.), *Dictionnaire des méthodes qualitatives en sciences humaines*, Armand Colin.

Papatsiba, Vassiliki, 2003, *Les étudiants européens. Erasmus ou l'aventure de l'altérité*, Francfort/Berne, Peter Lang.

Perrefort, Marion, 2001, *J'aimerais aimer parler allemand*, Economica.

—, 2008a, « Changer en échangeant ? Mobilités et expériences langagières », *in* F. Dervin & M. Byram (dir.), *Échanges et mobilités académiques. Quel bilan ?* L'Harmattan.

—, 2008b, « Sprachliche Fremderfahrung. Auslöser für Mediationskompetenzen ? », *in* S. Ehrenreich, G. Woodmann & M. Perrefort, (dir.), *Auslandsaufenthalte in Schule und Studium. Bestandsaufnahmen aus Forschung und Praxis*, Münster, Waxmann.

QUINSON, François, « Quitter la classe : la mobilité professionnelle en cours de carrière des enseignants du premier degré, épreuve cruciale individuelle et analyseur du groupe professionnel », http://tel.archives-ouvertes.fr/tel-00007848.

RICŒUR, Paul, 1985, *Temps et récits III, Le temps raconté*, Seuil.

—, 1990, *Soi-même comme un autre*, Seuil.

SAYED, Abdelmalek, 2006, *L'immigration ou les paradoxes de l'altérité*, Agir.

SCHARBERT, Kristi, 2009, *Reintegrationsprozess der Expatriates nach dem internationalen Personaleinsatz*, Munich, Grin Verlag.

SCHÜTZ, Alfred, 1987, *Le chercheur et le quotidien*, Klincksieck.

—, 2003, *L'étranger*, Allia.

SERRES, Michel, 2004, *Le Tiers-Instruit*, Folio essais.

SINGLY, François de, 2003, *Libres ensemble*, Poche.

—, 2005, *L'enquête et ses méthodes. Le questionnaire*, Armand Colin.

STANDER, Julia, 2013, *Le retour après un séjour de longue durée à l'étranger. Trajectoires de lecteurs du DAAD en France revisitées à la lumière du retour*, Sarrebruck, PAF.

STRAUSS, Anselm & CORBIN, Juliet, 1996, *Grounded theory : Grundlagen qualitativer Sozialforschung*, Beltz, PsychologieVerlagsunion.

THAMIN, Nathalie, 2007, *Dynamique des répertoires langagiers et identités plurilingues de sujets en situation de mobilités*, thèse de doctorat, Université Grenoble3, consultable en ligne : http://tel.archives-ouvertes.fr/tel-00288974/fr/

THÜNE, Eva Maria, 2008a, « Redewiedergabe des vielstimmingen Selbst » Hanovre, Internationales Symposium : Zeichen der Identität – Grenzen erkunden, www.polyphonie.at/?op=publicationplatform

TODOROV, Tzvetan, 2002, *Devoir et délices. Une vie de passeur*, Seuil.

URRY, John, 2005, *Sociologie des mobilités. Une nouvelle frontière pour la sociologie ?* Armand Colin.

VASSEUR, Marie-Thérèse, 2008, « Récits interactifs autour de la mobilité internationale : partager, comprendre et analyser ensemble une expérience unique et commune », *in* F. Dervin & M. Byram (dir.), *Échanges et mobilités académiques. Quel bilan ?* L'Harmattan.

VATTER, Christoph, 2011, *Interkulturelles Lernen im interregionalen Schüleraustausch zwischen Deutschland und Frankreich*, Röhrig Universitätsverlag.

VINSONNEAU, Geneviève, 2002, *L'identité culturelle*, Armand Colin.

ZSCHOCKE, Martina, 2006, *In der Fremde, Migration und Mobilität. Sozialwissenschaftliche Aspekte von Auslandsaufenthalten*, Berne, Peter Lang.

Achevé d'imprimer par Corlet Numérique - 14110 Condé-sur-Noireau
N° d'Imprimeur : 104626 - Dépôt légal : janvier 2014 - *Imprimé en France*

Achevé d'imprimer par Corlet - 14110 Condé-en-Normandie
N° d'Imprimeur : 1041578 - Décembre 2020 - Imprimé en France